박쥐는 왜?

알면 알수록 신비한 박쥐의 세계
박쥐는 왜?

초판 2쇄 발행일 2023년 5월 25일
초판 1쇄 발행일 2022년 8월 12일

지은이 정철운
펴낸이 이원중

펴낸곳 지성사 **출판등록일** 1993년 12월 9일 **등록번호** 제10-916호
주소 (03458) 서울시 은평구 진흥로 68, 2층
전화 (02) 335-5494 **팩스** (02) 335-5496
홈페이지 www.jisungsa.co.kr **이메일** jisungsa@hanmail.net

© 정철운, 2022

ISBN 978-89-7889-503-3 (73490)

잘못된 책은 바꾸어 드립니다. 책값은 뒤표지에 있습니다.

알면 알수록 신비한
박쥐의 세계

글과 사진 정철운

박쥐는 왜?

지성사

이 책을 읽기 전에

초등학교 시절, 어둠이 내려앉을 즈음이면 머리 위로 무수히 날아다니던 박쥐들과 그 박쥐를 잡겠다며 실내화 주머니를 열심히 공중으로 던지던 기억이 납니다. 때로는 아침 등굣길에서 주운 박쥐를 교실에 가져가서 친구들에게 자랑하기도 했었지요. 그런데 어른이 된 지금 돌아보면 언제부터인가 저녁에 박쥐가 보이지 않고, 우리 주변에서 함께 살아가는 흔한 동물이란 인식도 점차 사라진 듯합니다.

지금 박쥐 박사로 활동하기 시작한 후 비로소 알게 된 사실은 수많은 박쥐들이 여전히 가까이에서 살고 있으며, 우리가 살아가는 생태계에서 매우 중요한 역할을 묵묵히 해 주고 있다는 것입니다. 그렇지만 의외로 사람들은 박쥐를 잘 모르는 데다 주변에서 박쥐에 대한 정보를 얻을 수 있는 곳도 많지 않습니다. 아직도 박쥐가 새(조류)

라고 믿는 사람도 있고, 심지어 어떤 사람들은 우리나라에 사는 박쥐가 정말로 피를 빨아 먹으며 산다고 생각하기도 합니다.

옛날부터 동양에서는 박쥐를 사람들에게 복을 가져다주는 좋은 동물로 생각했습니다. 그래서 왕이 사는 궁궐에 박쥐 모양을 새겨 넣는 일도 흔했지요. 하지만 박쥐가 간신배로 등장하는 동화책이나 외국의「드라큘라」같은 영화 탓에 오늘날은 사람들이 박쥐를 나쁜 동물이라고 여기는 경우가 많습니다. 이는 박쥐가 사람들과 지구를 위해 얼마나 중요한 일을 하는 동물인지 잘 몰라서일 것입니다.

박쥐는 하룻밤에 수백에서 수천 마리의 곤충을 잡아먹음으로써 우리 주변에서 곤충의 숫자가 너무 많아지지 않도록 조절해 줍니다. 또 해충을 없애 농사를 잘 짓게 하고 사람들이 질병에 걸리지 않게 해 줍니다. 그 밖에 벌 대신 식물의 가루받이 작용을 도와준다거나,

과일을 먹고 멀리 가서 배설함으로써 숲을 더 크고 건강하게 만들어 주기도 합니다.

현재 지구상에는 1,300종류 이상의 박쥐가 살고 있으며, 우리나라에는 23종류의 박쥐가 알려져 있습니다. 그리고 붉은박쥐, 토끼박쥐, 작은관코박쥐 3종을 천연기념물 또는 멸종 위기 야생 생물로 지정해 보호하고 있습니다. 그런데도 이 세 종류의 박쥐를 포함해 우리나라에 사는 박쥐들 대부분이 어디에서 살고 있고, 무엇을 먹으며, 새끼는 어떻게 키우는지에 대한 정보는 많이 부족합니다.

우리가 박쥐의 중요성을 알고 보호하기 위해서는 그들이 살아가는 밤의 생태계를 이해하는 일이 필요합니다. 그리고 그렇게 하려면 많은 사람에게 박쥐에 대한 정확한 정보를 전달하고, 이 책을 읽는

어린 과학자들과 함께 박쥐가 나쁜 동물이라는 오해를 풀어 주는 일이 시급하다고 생각합니다.

 이 책에는 그동안 어떻게 생겼는지조차 몰랐던 우리나라 박쥐들의 다양한 사진과 생태 정보를 담았습니다. 이 책을 통해 박쥐가 우리와 함께 살아가야 할 소중한 동물이라는 점을 느끼며, 미래의 동물 박사가 될 어린이들이 제대로 된 정보를 얻고 꿈을 가지는 계기가 되기를 희망합니다.

 우리가 자는 동안에도 박쥐는 사람들과 건강한 지구를 위해 열심히 밤하늘을 날고 있습니다.

정 철 운

차례

이 책을 읽기 전에 · 4

박쥐는 어떤 동물일까?

박쥐는 날아다니는 포유류 · 13
박쥐의 생김새 · 16
초음파로 앞을 보는 박쥐 · 19
박쥐의 겨울잠 · 20
박쥐의 번식 · 22
박쥐가 사는 곳 · 24

우리가 궁금한 박쥐 이야기

박쥐가 왜 중요할까? · 37
박쥐의 비막은 날개일까? 손일까? · 41
박쥐는 정말 피를 먹고 살까? · 43
얼마나 많이 먹을까? · 44
박쥐는 어떻게 곤충을 사냥할까? · 45
박쥐는 정말 눈이 보이지 않을까? · 46

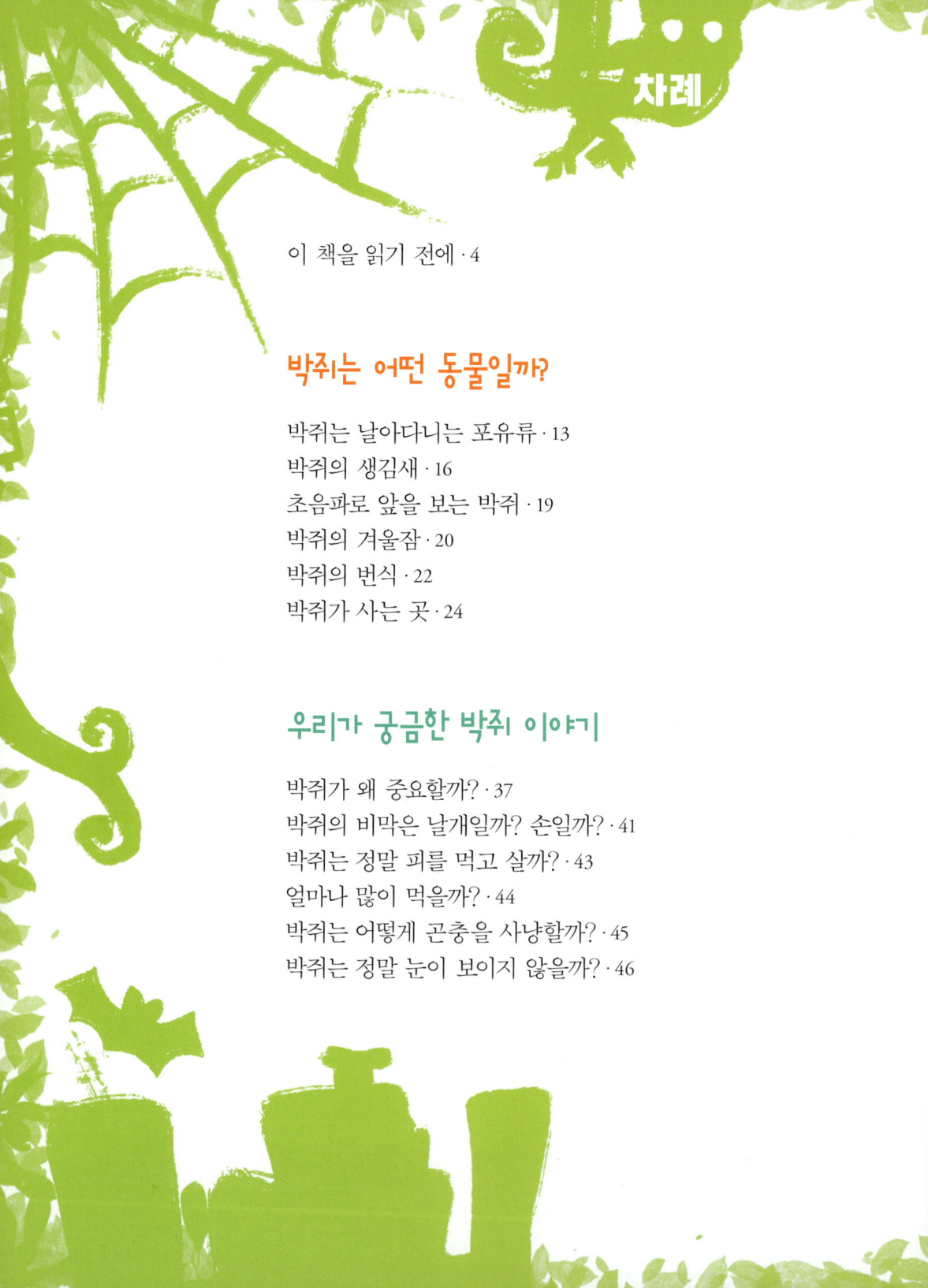

초음파의 역할은 무엇일까? · 47
왜 거꾸로 매달려서 생활할까? · 48
왜 겨울잠을 잘까? · 50
얼마나 많이 잘까? · 51
엄마는 자기 새끼를 어떻게 찾을까? · 52
얼마나 오래 살까? · 54
박쥐도 천적이 있을까? · 56
박쥐도 사투리를 쓸까? · 58
박쥐는 왜 점점 사라지고 있을까? · 59
박쥐의 멸종을 막으려면 무엇을 해야 할까 · 64

우리나라에 사는 박쥐들

관박쥐 · 70
대륙쇠큰수염박쥐 · 74
쇠큰수염박쥐 · 78
붉은박쥐 (황금박쥐) · 80
우수리박쥐 · 84
큰발윗수염박쥐 · 88
흰배윗수염박쥐 · 90
긴꼬리윗수염박쥐 · 94
집박쥐 · 96

검은집박쥐 · 100
문둥이박쥐 · 104
토끼박쥐 · 108
안주애기박쥐 · 112
관코박쥐 · 116
작은관코박쥐 · 120
긴가락박쥐 · 122
큰귀박쥐 · 126

박쥐는 어떤 동물일까?

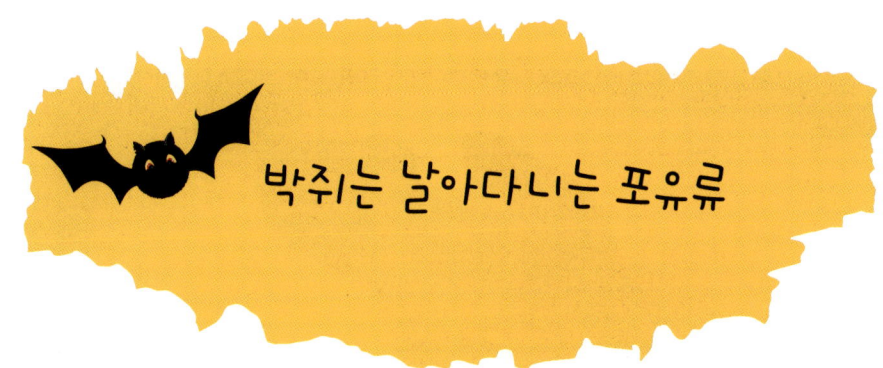
박쥐는 날아다니는 포유류

박쥐는 하늘을 날아다니기 때문에 '새'라고 생각하는 사람이 많다. 그러나 박쥐는 호랑이, 사자, 강아지, 고양이와 같은 포유동물이다. 새들은 알을 낳고 어미 새가 몇 주 동안 품은 후에 알에서 나오지만, 박쥐는 몇 달 동안 어미 배 속에서 자란 후에 아주 작은 새끼로 태어난다. 그리고 혼자 날 수 있을 때까지 어미의 젖을 먹고 자란다.

박쥐는 새의 날개 역할을 하는 비막(날개막)이 있어서 포유동물 가운데 유일하게 하늘을 날아다닌다.

🦇 갓 태어난 새끼 박쥐. 박쥐는 어미 배 속에서 자라다가 털이 없는 상태로 태어난다. (사진: 문둥이박쥐)

🦇 알에서 갓 나온 새끼 새. 새는 박쥐와 달리 알을 낳으며, 알 속에서 자라다가 껍질을 깨고 나온다. (출처: shutterstock.com)

젖을 먹는 새끼 박쥐. 새끼 박쥐는 약 한 달 동안 어미의 젖을 먹고 자란다. (사진: 대륙쇠큰수염박쥐)

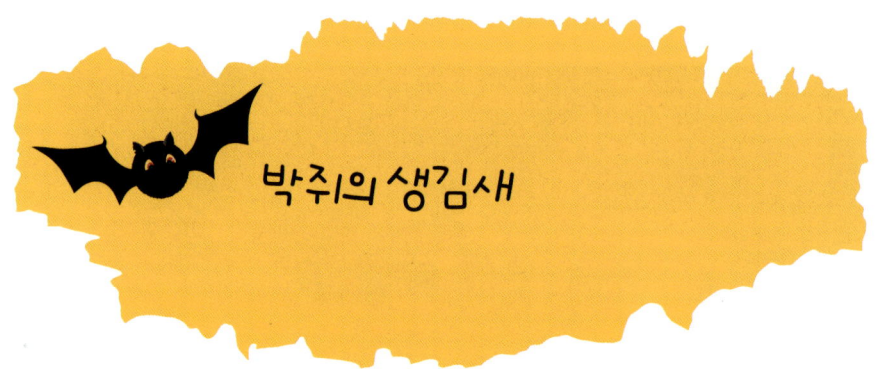

박쥐의 생김새

박쥐는 날개처럼 생긴 비막이 있어서 우리가 생각하는 포유동물과는 생김새가 아주 다르다. 양팔에는 사람처럼 다섯 개의 손가락 뼈가 있는데 이 뼈 사이로 얇은 막 같은 피부가 연결되어 있다. 박쥐는 이 비막을 날개처럼 펄럭이면서 하늘을 날아다닌다.

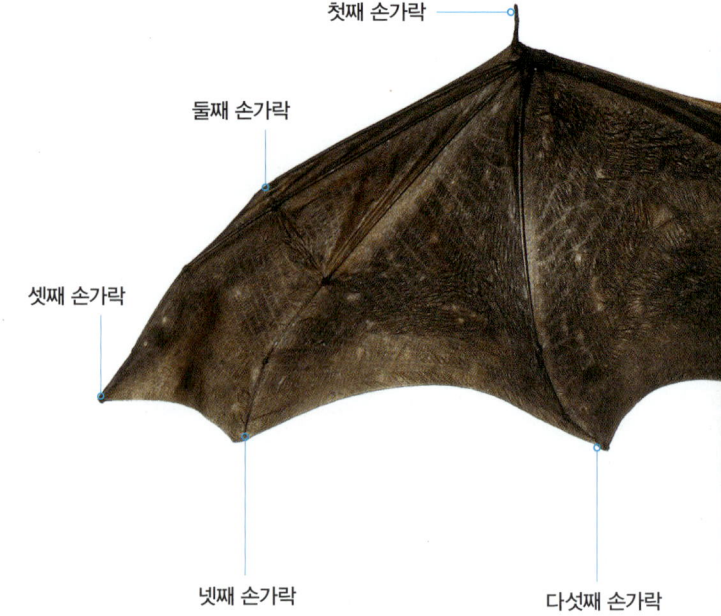

첫째 손가락
둘째 손가락
셋째 손가락
넷째 손가락
다섯째 손가락

뒷발과 꼬리 사이는 꼬리 막으로 연결되어 있는데 먹이를 잡을 때 이 꼬리 막을 안쪽으로 말아서 그물처럼 활용한다.

박쥐의 몸 구조.
박쥐는 손가락뼈가 매우 길게 진화하였다.
사람처럼 첫째 손가락부터 다섯째 손가락까지 있으며,
손가락 사이는 아주 얇은 피부로 연결되어 있어
새의 날개와 같은 역할을 한다.

귀

비막

발

꼬리 막

꼬리

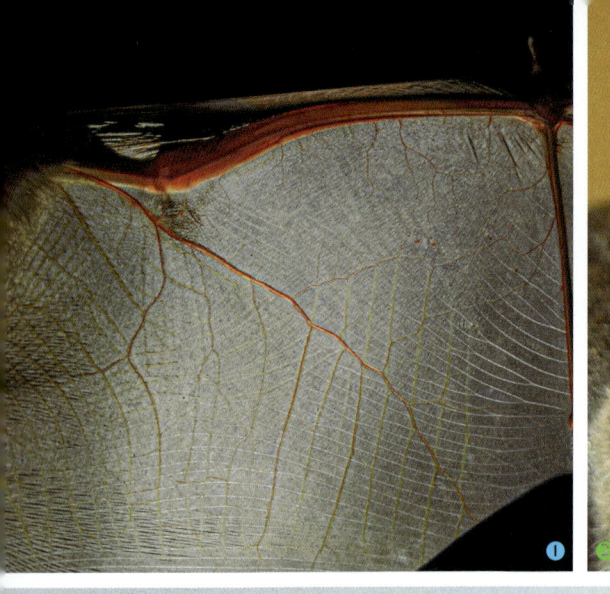

❶ 비막. 막처럼 아주 얇은 피부로 수많은 혈관이 퍼져 있다.
❷ 얼굴. 박쥐는 밤에 날아다닐 때 초음파로 앞을 보기 때문에 눈은 작고, 그 대신 소리를 잘 듣기 위해 귀가 크다. (사진: 대륙쇠큰수염박쥐)
❸ 골격. 손가락뼈가 아주 길게 진화하였다.

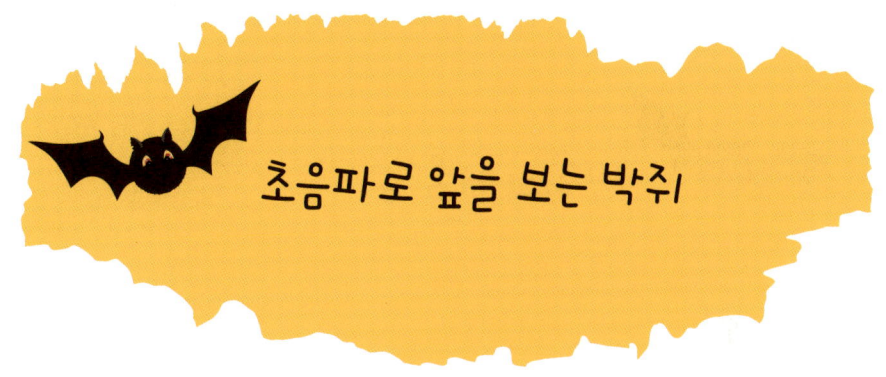

초음파로 앞을 보는 박쥐

박쥐는 해가 지고 어두운 밤에 날아다니느라 시력만으로 앞을 보거나 복잡한 숲속에서 사냥하기가 어렵다. 그래서 초음파를 발사해 어두운 밤에도 장애물에 부딪히지 않고 잘 날고, 아주 작은 나방이나 모기 같은 벌레들도 사냥할 수 있다.

흔히 사람의 귀로 들을 수 없는 20킬로헤르츠(kHz) 이상의 소리를 초음파라고 하는데 박쥐는 20~100킬로헤르츠 사이의 높은 소리를 발사한다. 입에서 발사된 초음파는 앞에 있는 사물에 반사된 후 다시 메아리로 박쥐의 귀에 들어오며, 반사되는 메아리의 세기나 시간 차이를 이용해서 사물의 위치나 크기 등을 정확하게 알 수 있다.

박쥐는 초음파를 발사한 후 되돌아오는 메아리를 듣고 사냥감의 크기와 위치를 파악한다.

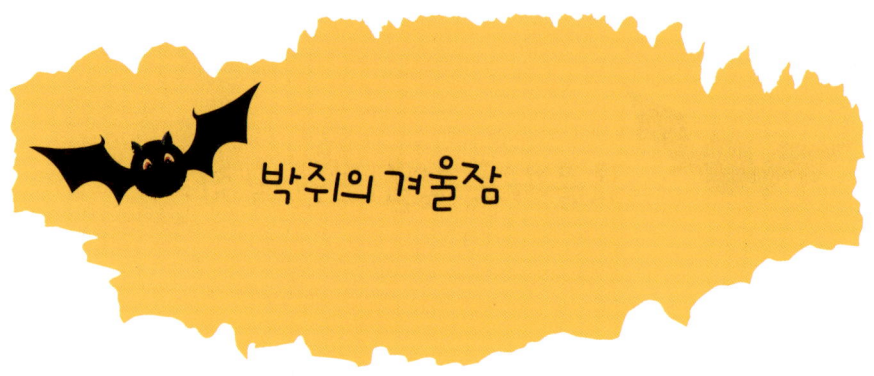

박쥐의 겨울잠

박쥐는 겨울이 되면 동굴에 들어가서 겨울잠을 잔다. 겨울이 되면 날씨도 춥고 박쥐들의 먹이가 되는 곤충들도 모두 사라지기 때문이다. 보통 11월부터 겨울잠을 자는데 다음 해 4월에서 5월까지 일 년 중 절반 이상을 잔다.

겨울잠을 자는 장소로는 동굴이 가장 많지만, 오래된 건물이나 숲 속의 나무 구멍 등에 들어가서 자기도 한다. 잘 때는 서로의 체온으로 더 따듯하게 잘 수 있도록 수십 마리에서 수백 마리가 함께 모여서 잔다.

동굴 안에서 수십 마리 또는 수백 마리의 박쥐들이 겨울잠을 자고 있다.

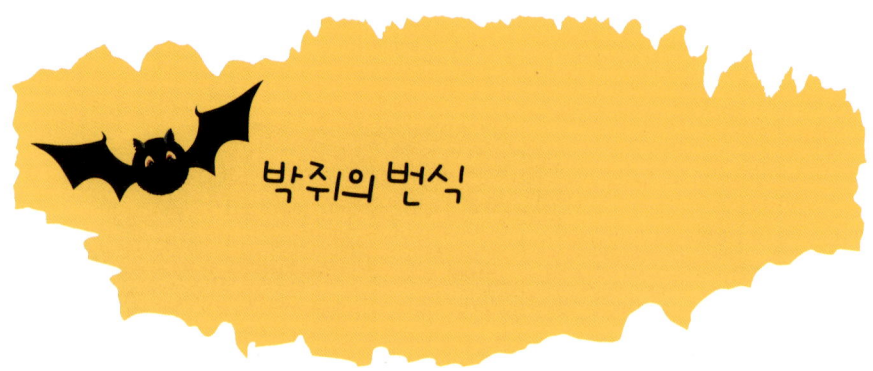

박쥐의 번식

박쥐는 포유동물이어서 알이 아닌 새끼를 낳는다. 다른 동물들은 몸집이 작을수록 새끼를 많이 낳는데 박쥐는 몸집이 작아도 한 마리에서 두 마리 정도로 새끼를 적게 낳는다. 우리나라에 사는 박쥐는 가을에 암수가 만나서 짝짓기를 한 후 곤충들이 가장 많은 시기인 여름철(6~7월)에 출산한다.

임신한 어미 박쥐. 새끼를 낳기 직전이라 아랫배가 볼록하다. (사진: 집박쥐)

갓 태어난 새끼는 눈도 못 뜨고 털도 없는 상태로 태어나지만, 생후 한 달쯤 지나면 혼자서 날 수 있고 외모도 어미와 비슷해진다.

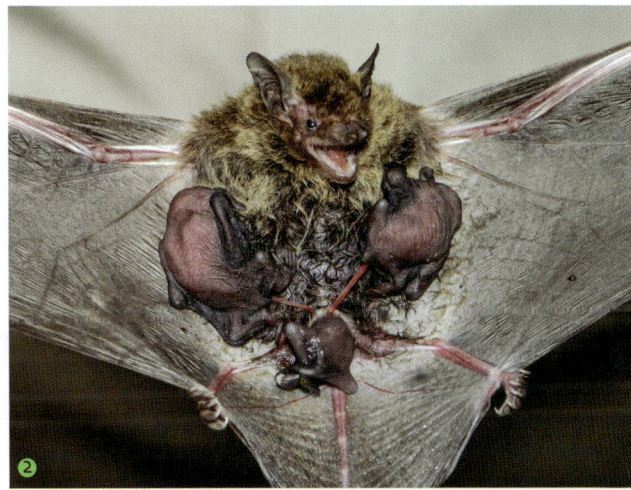
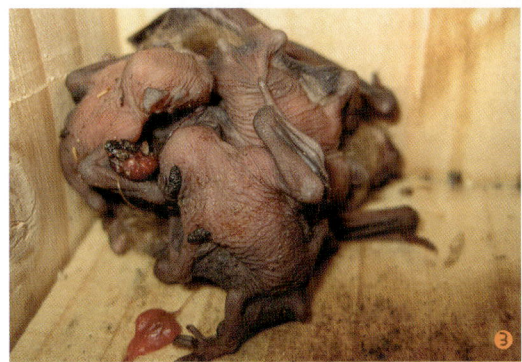

❶ 출산 전 함께 모여 있는 어미 박쥐들. 임신한 어미 박쥐는 새끼를 낳기 전까지 무리를 이루어서 지내는 경우가 많다. (사진: 긴가락박쥐)
❷ 출산 중인 집박쥐. 박쥐는 6월 말에서 7월 초에 한두 마리, 최대 세 마리의 새끼를 낳는다.
❸ 갓 태어난 새끼 박쥐. 눈이 감겨 있고 털도 없다. (사진: 집박쥐)
❹ 어미 젖을 먹는 새끼 박쥐. 새끼는 태어난 지 한 달 정도 지나면 어미와 비슷한 크기로 자란다. (사진: 대륙쇠큰수염박쥐)

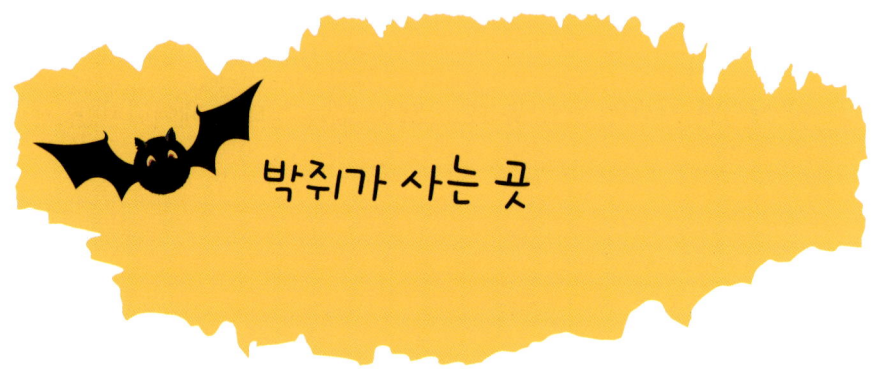

박쥐가 사는 곳

박쥐는 대부분 어두운 동굴 안에서 생활한다. 겨울잠을 잘 때만 동굴을 이용하는 박쥐도 있고, 일 년 내내 동굴을 이용하는 박쥐도 있다. 박쥐는 왜 이렇게 어둡고 무서운 동굴 안에서 살까? 그것은 어둠 속에서도 잘 날 수 있고, 초음파를 이용해 잘 들을 수 있도록 진화했기 때문이다. 낮 동안 동굴 안에 숨어 무서운 포식자의 눈으로부터 벗

박쥐들이 사는 동굴 입구와 안쪽 모습

어나 있다가 밤에 동굴을 나와 활동하는 것은 천적으로부터 자신을 보호하기 위한 전략이다.

모든 박쥐가 동굴에서만 사는 것은 아니다. 박쥐 종류에 따라 사람들이 사는 주택이나 고층 건물, 나무껍질이나 딱따구리가 쓰던 나무 구멍 또는 절벽의 바위틈같이 다양한 곳에서 살아간다.

동굴

동굴은 박쥐들이 가장 많이 사는 곳이다. 특히 우리나라에 사는 박쥐 가운데 절반 이상은 동굴에서 사는데 여름에는 천적으로부터 숨는 장소로, 번식기에는 새끼를 낳고 젖을 먹이는 장소로, 겨울철에는 겨울잠을 자는 장소로 이용한다.

🦇 낮 동안 동굴 안에서 쉬는 박쥐

하천, 저수지, 계곡

하천, 저수지, 계곡처럼 물이 많은 곳은 박쥐가 가장 좋아하는 사냥터이다. 왜냐하면 우리나라에 사는 박쥐들은 모두 곤충을 잡아먹는데 곤충들은 대부분 물가 주변에서 산다. 그래서 밤이 되면 박쥐들이 먹이를 구하기 쉬운 강이나 저수지 주변으로 모여든다.

🦇 박쥐가 사는 물가. 박쥐들은 곤충이 많은 하천이나 저수지 그리고 계곡 주변을 비행하면서 사냥한다.

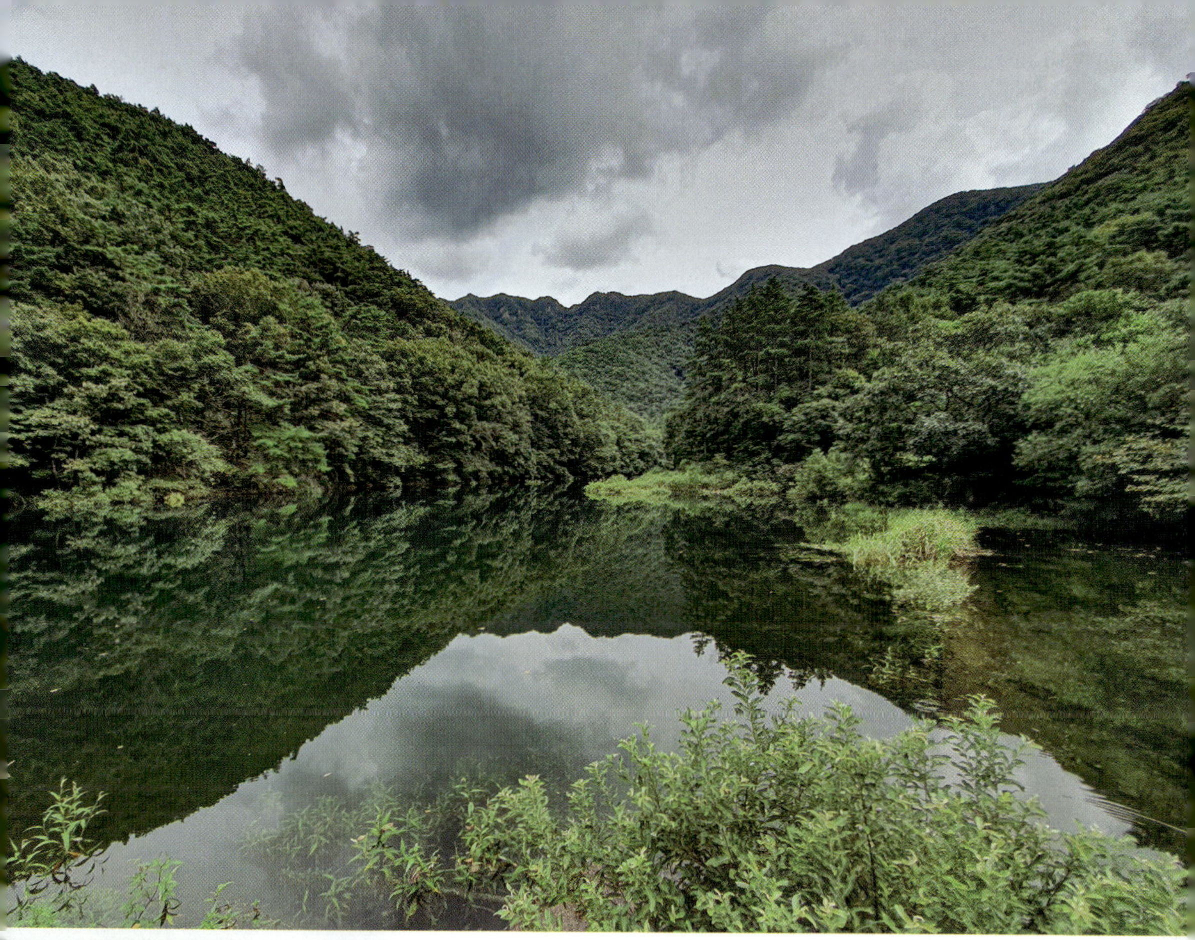
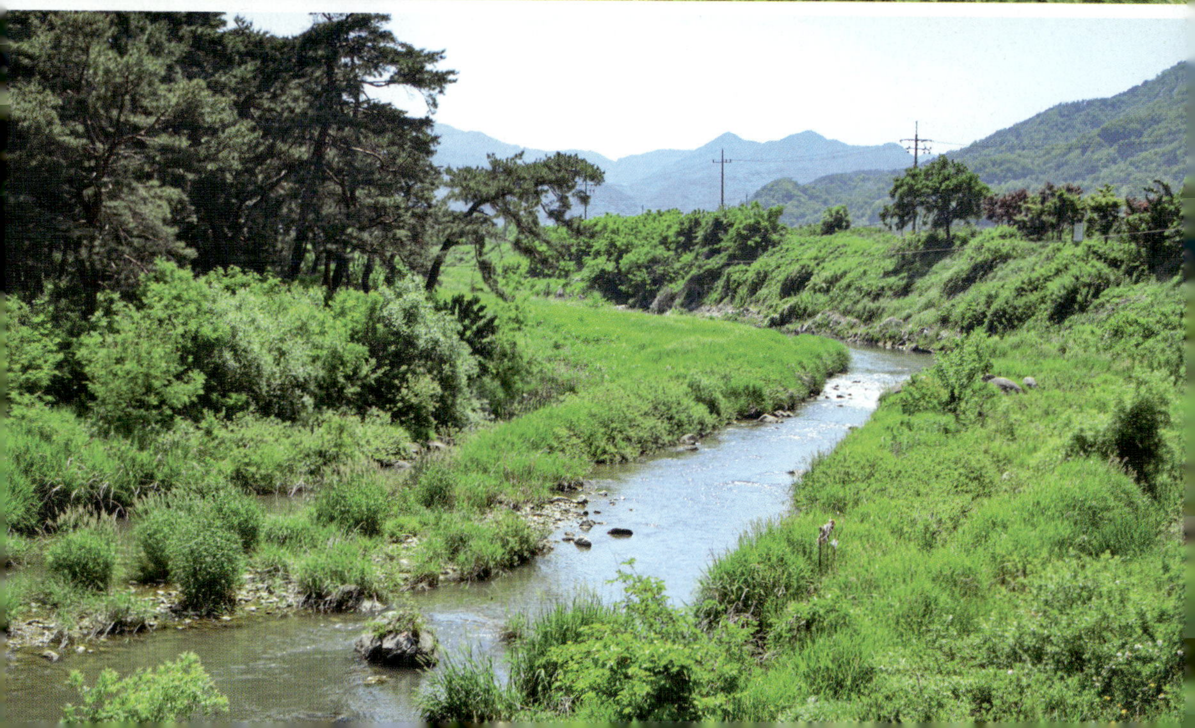

숲

박쥐는 주로 동굴에서 살지만 숲속에 사는 박쥐도 많다. 숲은 낮 동안 안전하게 숨을 수 있는 공간을 제공해 주며, 밤이면 곤충들을 잡을 수 있는 훌륭한 사냥터 역할을 한다. 숲에 사는 박쥐는 주로 딱따구리가 만들어 놓은 나무 구멍이나 큰 나무의 벗겨진 껍질 틈을 좋아한다.

박쥐가 사는 나무 구멍과 껍질 틈. 나무 구멍이나 껍질(수피) 틈은 박쥐가 천적으로부터 자신을 지키고 바람과 비를 피할 수 있는 은신처이다.

나무껍질 틈에서 쉬는 박쥐

집과 고층 건물

사람들이 생활하는 집이나 고층 건물에도 박쥐가 산다. 그렇지만 밤에 날아다니고 낮 동안은 숨어 있어서 사람들은 박쥐가 살고 있다는 것을 모르는 경우가 많다. 주로 집박쥐, 문둥이박쥐, 검은집박쥐가 사는데 나무로 만든 집이나 주택 지붕, 창고, 건물 간판 틈, 벽돌 담장 등을 은신처로 이용한다.

　사람이 생활하는 곳 주변에서 사는 박쥐는 밤이 되면 도시의 하천이나 공원 또는 곤충이 많이 모여드는 가로등 주변을 날아다니면서 먹잇감을 사냥한다.

🦇 나무로 만든 집. 나무 집은 숨을 곳이 많아 박쥐들이 좋아한다.

🦇 주택 창고에서 태어난 새끼 박쥐. 사냥 나간 어미를 기다리고 있다. (사진: 집박쥐)

다리

박쥐는 하루에 아주 많은 양의 곤충을 먹기 때문에 사냥하는 중간중간 쉬면서 소화와 배설을 한다. 이때 대부분 박쥐는 다리 밑으로 가서 쉰다. 다리 밑은 물가와 가까워 먹잇감을 사냥하기에 좋고, 비와 바람을 막아 주어 편하게 쉴 수 있다. 다리 밑에서 사는 박쥐로는 관박쥐, 집박쥐, 검은집박쥐, 문둥이박쥐, 큰발윗수염박쥐, 우수리박쥐, 대륙쇠큰수염박쥐 등이 있다.

❶ 박쥐들이 사는 다리 주변. 박쥐는 사냥을 하고 난 뒤 다리 밑에 붙어서 쉰다.
❷ 다리 밑부분은 칸막이가 되어 있어 따뜻하며, 비와 바람을 막아 준다.
❸ 다리 밑에서 쉬는 박쥐 (사진: 관박쥐)

절벽 바위틈

높은 산의 큰 암석이나 해안 절벽의 바위틈에도 박쥐가 많이 산다. 특히 해안 절벽의 바위틈은 천적이 접근하기 어렵고, 비와 바람을 막아 주어 박쥐들이 좋아한다.

박쥐들이 사는 바위 절벽

🦇 절벽 바위 틈에서 겨울잠을 자는 박쥐들

우리가 궁금한
박쥐 이야기

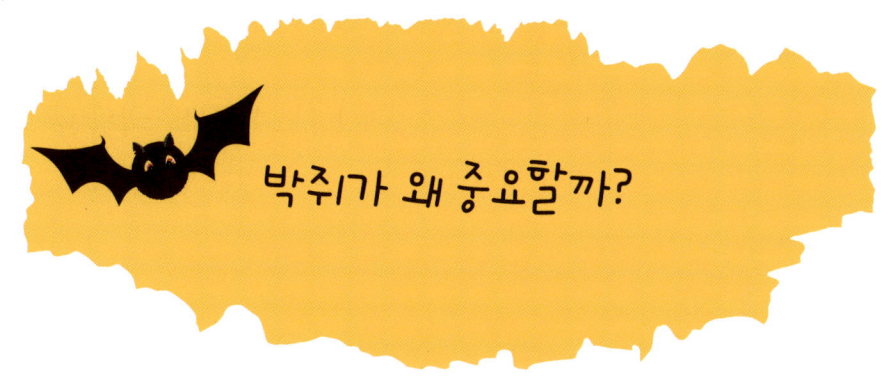

박쥐가 왜 중요할까?

박쥐는 지구에 사는 생물들 가운데 아주 중요한 동물로 손꼽힌다. 왜 박쥐가 중요한 동물일까?

첫째, 박쥐는 지구상 생물의 약 70퍼센트나 차지하는 곤충들의 수가 너무 많아지지 않도록 조절해 준다. 박쥐가 없다면 곤충들이 너무 많아져서 숲도 없어지고 사람도 살기 어려울 것이다. 또 해충 때문에 농사를 짓기도 힘들고, 모기나 파리 같은 벌레가 많아져 사람들이 더 많은 질병에 걸릴 수 있다.

둘째, 과일을 먹는 박쥐들이 꽃 위를 날아다니며 벌 대신 식물의 꽃가루를 옮겨 줌으로써 열매가 더 많이 열리고 숲이 울창해지도록 도와준다. 이뿐만 아니라 과일을 먹은 박쥐가 먼 곳으로 날아가 배설을 하고 씨앗을 퍼뜨려 숲을 더 크게 만드는 역할도 한다. 박쥐가 이런 일들을 하지 않는다면 지구의 생태계는 무너지고 결국 사람도 살지 못하게 될 것이다.

그 외에도 과학자들은 박쥐의 초음파를 이용해서 잠수함의 레이더를 더 발전시키거나 시각 장애인이 앞을 볼 수 있는 안경을 만들기도 한다.

🦇 박쥐의 배설물 확대 사진. 현미경으로 보면 작은 나방이나 모기의 머리, 날개, 다리 조각 등이 보인다.

🦇 곤충을 먹는 박쥐. 우리나라에 사는 박쥐들은 모두 파리, 모기, 나방, 딱정벌레 같은 곤충을 먹고 산다.

🦇 나무에 매달린 과일박쥐들.
과일박쥐는 몸집은 크지만 과일을 먹고 살면서
식물의 꽃가루받이를 도와준다. 또 배설물을 통해
숲이 더 울창해지도록 해 준다.

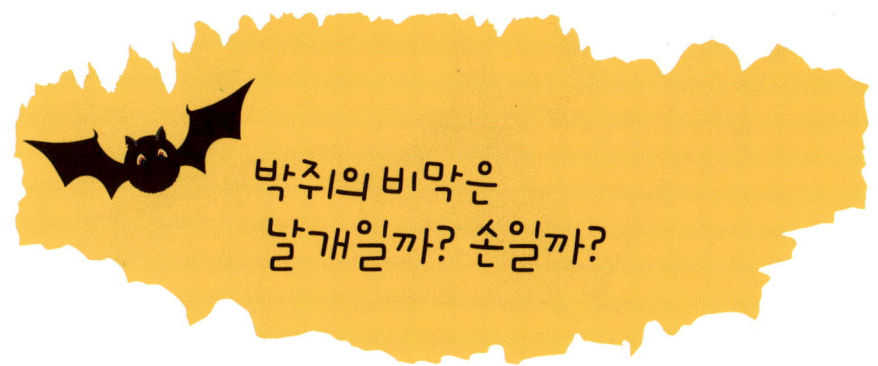
박쥐의 비막은 날개일까? 손일까?

박쥐는 비막을 이용해 하늘을 날 수 있다. 박쥐의 비막은 새의 날개와 비슷하게 생겼지만 뼈 모양을 보면 사람의 손과 닮았다. 그리고 새의 날개는 가벼운 뼈와 깃털로 이루어졌지만 박쥐의 비막은 기다란 손가락뼈와 얇은 피부막으로 되어 있다.

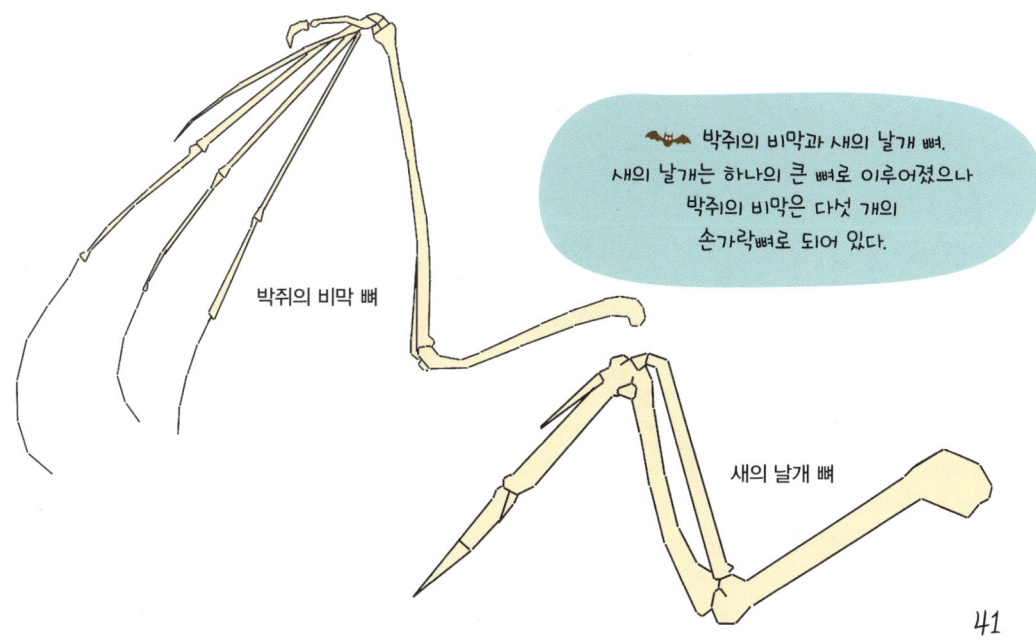

박쥐의 비막 뼈

새의 날개 뼈

박쥐의 비막과 새의 날개 뼈. 새의 날개는 하나의 큰 뼈로 이루어졌으나 박쥐의 비막은 다섯 개의 손가락뼈로 되어 있다.

🦇 손가락뼈 사이의 비막을 이용해 하늘을 나는 박쥐

🦇 날개 깃털을 이용해 하늘을 나는 새

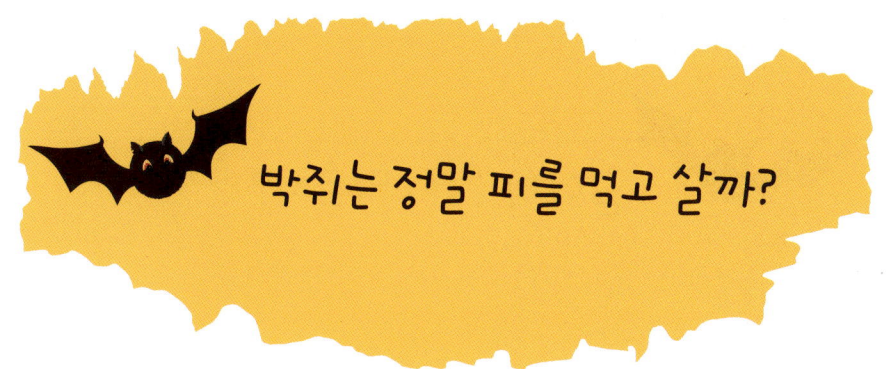

박쥐는 정말 피를 먹고 살까?

박쥐는 사람과 지구를 위해서 꼭 필요한 동물이다. 그런데도 박쥐를 어두운 동굴 속에서 피를 빨아 먹고 살아가는 무서운 동물로 생각하는 사람들이 많다. 지구상에 1,300종류가 넘는 박쥐 가운데 피를 먹고 사는 흡혈박쥐는 세 종류뿐이며, 이 박쥐들은 모두 우리나라에서 멀리 떨어진 남미 지역에서 살고 있다.

흡혈박쥐라고 하면 드라큘라(흡혈귀) 같은 무서운 모습을 떠올리지만 정작 흡혈박쥐는 사람의 피가 아닌 말, 돼지, 소 등의 가축이나 야생 동물의 피를 먹는다. 그것도 영화처럼 목을 물어서 죽이는 것이 아니라 동물이 자는 동안 작은 상처를 낸 후 거기에서 흘러나오는 피를 핥아 먹는다. 흡혈박쥐 외에 꿀이나 꽃가루를 먹는 박쥐도 있고, 작은 동물이나 물고기를 잡아먹는 박쥐도 있다. 하지만 나머지 박쥐 대부분은 곤충을 먹는 종류와 과일을 먹는 종류 둘로 나누어진다.

남미에 사는 흡혈박쥐

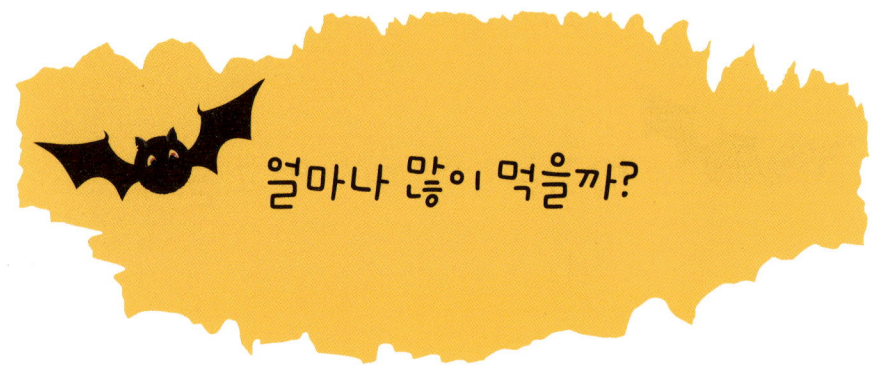

얼마나 많이 먹을까?

　박쥐가 밤새 날아다니려면 에너지가 많이 필요하다. 그래서 박쥐는 자신의 몸집에 비해 먹이를 많이 먹으며, 무거워진 몸을 다시 가볍게 하려고 자주 배설한다.

　박쥐는 해가 지고 난 후부터 해가 뜨기 전까지 두 번에서 네 번가량 사냥을 나간다. 특히 7~8월에 새끼를 키우는 시기의 암컷 박쥐는 새끼에게 젖을 배불리 먹이기 위해 새끼가 젖을 먹는 시간 말고는 밤새 사냥을 나간다.

　평균적으로 박쥐 한 마리가 하루에 수백 마리에서 수천 마리의 곤충을 먹는데 모기로 계산하면 하룻밤에 1,000~2,000마리쯤 먹는 셈이다. 이렇게 박쥐는 우리가 사는 생태계에서 해충을 없애고, 곤충들의 숫자가 너무 많아지지 않도록 조절해 주는 역할을 한다.

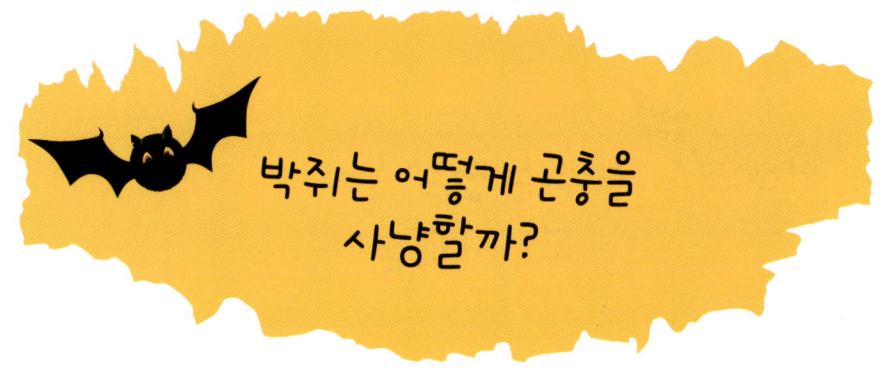

박쥐는 어떻게 곤충을 사냥할까?

박쥐가 먹이를 잡는 방법은 사는 곳을 비롯해 비막 모양, 비행 속도, 이빨의 크기 그리고 초음파의 형태에 따라 종마다 다양하다. 대부분 박쥐는 하늘을 날면서 비막을 그물처럼 이용해 곤충을 잡는다. 빠르게 높이 나는 박쥐는 공중을 날아다니는 곤충을 잡고, 느리게 나는 박쥐는 나뭇잎에 붙어 있거나 땅에 기어 다니는 곤충을 덮치듯이 잡는다.

박쥐가 비행하는 속도에 따라 초음파의 형태도 달라지는데 빠르게 비행하는 박쥐는 앞에 먹잇감이 있는지 없는지를 더 잘 파악하는 초음파를 이용하고, 천천히 비행하는 박쥐는 느린 대신 숨어 있는 곤충의 작은 움직임도 더 잘 알아챌 수 있는 초음파를 이용한다. 한편 이빨이 강하고 긴 박쥐는 딱딱한 딱정벌레를 잡아먹으며, 이빨이 작은 박쥐는 부드러운 나방이나 모기를 잡아먹는다.

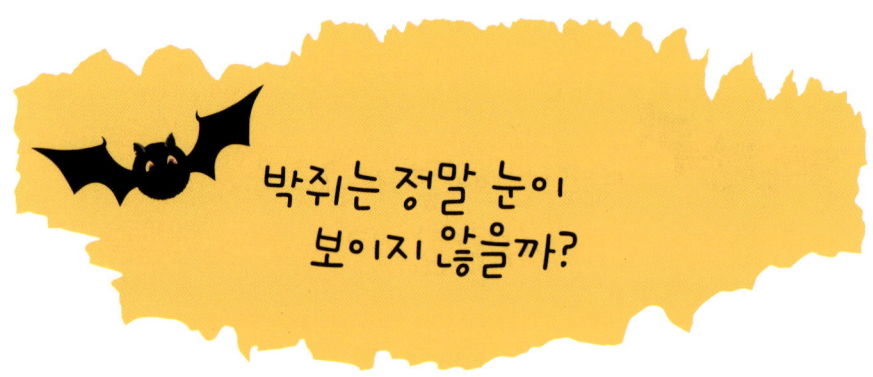

박쥐는 정말 눈이 보이지 않을까?

어두운 밤에 활동하면서 곤충을 잡아먹는 박쥐들은 얼굴 크기에 비해 눈이 작고 시력도 나쁘다. 복잡한 숲속을 날아다니거나 작은 곤충을 사냥할 때 눈이 아닌 초음파를 이용하기 때문이다. 그래서 눈은 점점 작아지고, 소리를 듣는 귀는 커졌다. 그렇다고 해서 박쥐가 앞을 전혀 못 보는 것은 아니다. 시력이 나쁘기는 하지만 초음파를 이용해 앞을 볼 때 눈이 보조 역할을 한다.

박쥐의 눈. 다른 야행성 동물들보다 눈이 작은 편이다. (사진: 붉은박쥐)

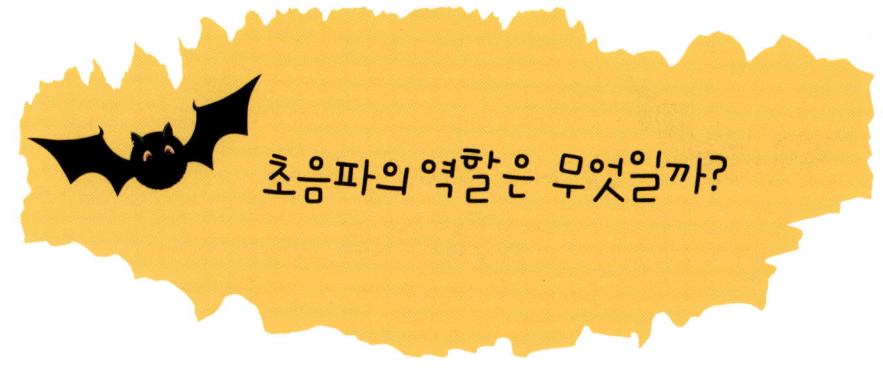
초음파의 역할은 무엇일까?

앞에서 말한 대로 초음파란 사람의 귀로는 들을 수 없는 높은 주파수의 소리로서 보통 20킬로헤르츠 이상을 초음파라고 한다. 박쥐는 20~100킬로헤르츠의 높은 초음파를 발사하며, 초음파의 주파수는 박쥐 종류마다 조금씩 다르다.

박쥐는 발사한 초음파로 자신의 위치를 정확하게 파악하고 먹잇감을 찾아내는데, 초음파가 앞에 있는 물체에 부딪힌 후 다시 박쥐의 귀로 돌아오는 메아리(반향)의 속도나 소리의 강도를 이용해 장애물이 있는지, 먹잇감의 종류는 무엇이고 크기가 큰지 작은지 등을 정확하게 알아낸다.

바닷속에 있는 잠수함이 레이더를 이용해 물체의 위치를 파악함으로써 큰 바위와 충돌하지 않고 이동할 수 있는 것도 박쥐가 이용하는 것과 같은 방식이다.

왜 거꾸로 매달려서 생활할까?

박쥐가 하늘을 날아다니기 위해서는 날개 역할을 하는 비막이 가장 중요하다. 박쥐는 비행할 때뿐만 아니라 사냥을 할 때도 비막을 그물처럼 이용해서 곤충을 잡아먹는다. 이렇게 비행은 박쥐가 살아가는

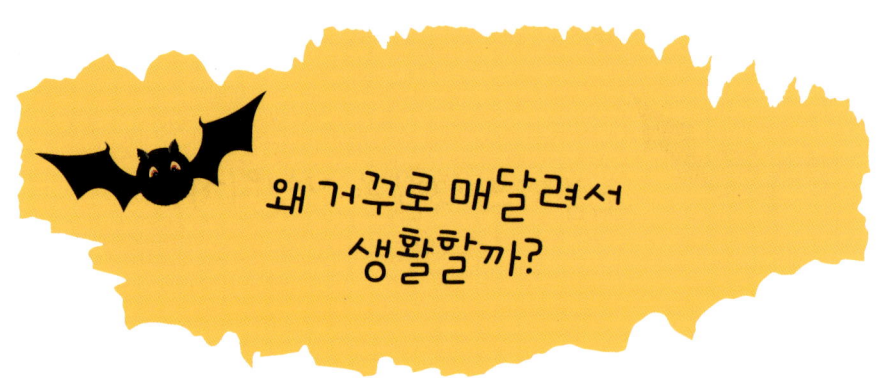

거꾸로 매달려서 쉬는 박쥐. 박쥐들은 대체로 동굴에 매달려서 생활한다. 매달릴 때는 뒷발을 거친 벽이나 천장에 걸고 힘줄을 이용해 매달리므로 힘들이지 않고 오래 있을 수 있다. (사진: 관박쥐)

데 가장 중요한 능력이어서 긴 세월 동안 박쥐의 비막은 더 발달하고, 비행하는 데 불필요한 다리는 퇴화하는 방향으로 진화했다. 그 결과, 똑바로 서 있기도 어렵고 자신의 몸무게도 지탱할 수 없을 만큼 다리가 가늘어졌다.

그렇다면 오랫동안 거꾸로 매달려 있는 건 힘들지 않을까? 박쥐의 다리는 점점 퇴화하면서 근육은 없어지고 힘줄만 남았다. 그래서 억지로 힘을 쓰지 않아도 오랫동안 거꾸로 매달릴 수 있고, 몇 달 동안 매달려서 겨울잠을 자는 것도 전혀 힘들어하지 않는다.

박쥐의 발톱. 거꾸로 매달릴 때는 발가락에 힘을 주어 움켜쥐는 게 아니라 발톱과 힘줄만 이용해서 매달린다. (사진: 관박쥐)

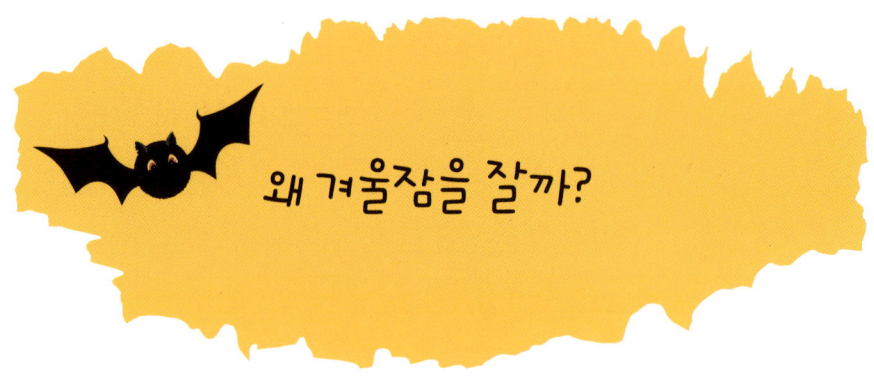

왜 겨울잠을 잘까?

곤충을 먹고 사는 박쥐들은 곤충이 모두 사라지는 겨울이 되면 몇 달 동안 굶어야 한다. 그래서 우리나라처럼 온대 지방에 사는 박쥐는 먹이가 가장 많은 여름철에 새끼를 낳고, 추운 겨울에는 몇 달간 겨울잠을 잔다. 박쥐는 겨울잠을 자기 위해 가을부터 먹이를 많이 먹고 피부밑에 지방을 저장하는데 이 지방을 에너지로 이용해서 긴 겨울을 버틴다. 박쥐가 겨울잠을 잘 때는 여름철보다 체온을 더 낮추고 호흡 횟수도 크게 줄여 에너지를 최대한 아끼면서 잔다.

동굴 안에 모여 겨울잠을 자는 박쥐들. 우리나라에 사는 박쥐들은 기온이 낮고 먹이가 없는 겨울이 되면 안전한 은신처를 찾아 겨울잠을 잔다. (사진: 긴가락박쥐)

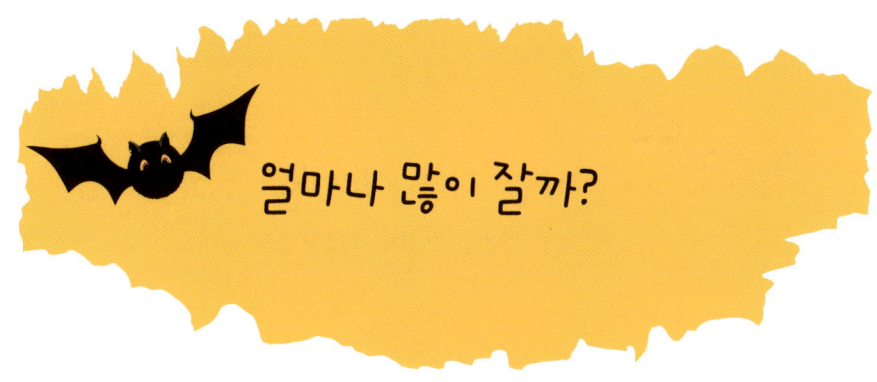
얼마나 많이 잘까?

박쥐는 대략 11월부터 겨울잠을 자기 시작해서 다음 해 4월에서 5월 중에 깨어난다. 우리나라에 사는 박쥐 가운데 가장 잠을 많이 자는 박쥐는 황금박쥐(붉은박쥐)로 10월부터 겨울잠을 자기 시작해서 다음 해 5월 말에서 6월 초까지 잔다. 결과적으로 일 년 중 절반 이상을 잠만 자는 셈이다.

거의 반 년 동안 겨울잠을 자는 붉은박쥐

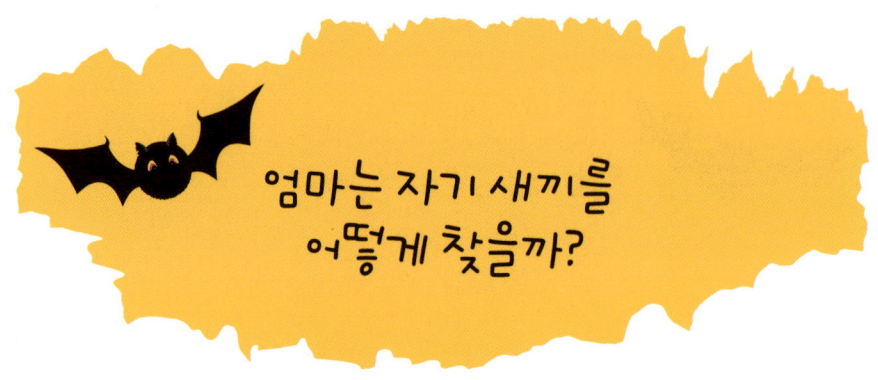
엄마는 자기 새끼를 어떻게 찾을까?

　박쥐는 대부분 수십 마리에서 수백 마리가 모여서 생활한다. 어미는 저녁이 되면 새끼들을 동굴에 남긴 채 사냥을 나가고, 새벽이 되면 돌아와서 자기 새끼에게 젖을 먹인다.

　그렇다면 큰 무리를 지어 생활하는 박쥐들은 수많은 새끼 중에서 어떻게 자기 새끼를 구별할까? 어미 박쥐는 초음파를 이용해 자기 새끼를 찾는다. 사냥을 마치고 집으로 돌아올 때 어미는 새끼들이 모여 있는 곳을 향해 자기 새끼를 부르는 독특한 초음파를 발사한다. 어미가 부르는 소리를 들은 새끼는 자신만의 독특한 초음파로 대답한다.

　이렇게 모든 박쥐들이 어미와 새끼 둘만이 서로 알아들을 수 있는 초음파를 이용함으로써 어미 박쥐는 수백 마리의 박쥐들 사이에서도 헷갈리지 않고 자기 새끼를 찾을 수 있다.

어미를 부르는 새끼 박쥐 (사진: 집박쥐)

얼마나 오래 살까?

몸집이 큰 동물일수록 오래 살고 그 대신 새끼는 적게 낳는다. 몸집이 작은 쥐는 한 번에 열 마리쯤 새끼를 낳고 수명도 1~2년 정도로 짧다. 이에 비해 박쥐는 몸집도 작지만 새끼도 적게 낳는다.

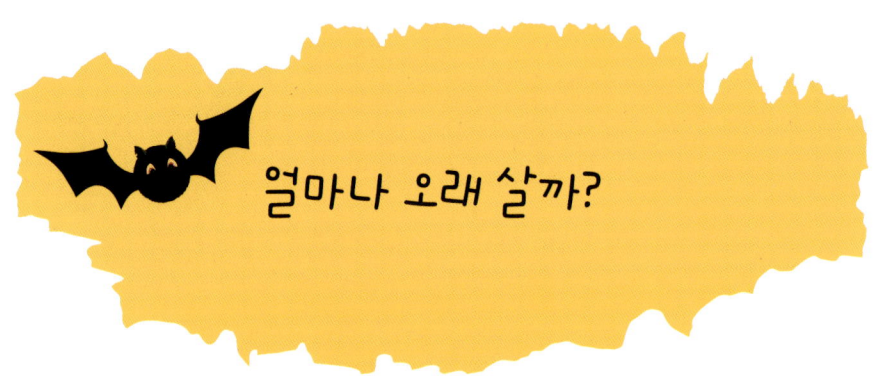

관박쥐. 과학자들의 연구 결과, 관박쥐는 30년 이상 사는 것이 밝혀졌다.

우리나라에 사는 박쥐들은 몸 크기가 5센티미터보다 작은 종류가 많고, 큰 박쥐들도 10센티미터를 넘지 않는다. 이렇게 작은 쥐와 크기가 비슷하지만 수명은 10~20년 정도이며, 어떤 박쥐들은 30년 이상 사는 경우도 많다.

🦇 가락지를 찬 관박쥐. 과학자들이 관박쥐 앞발에 알루미늄 가락지를 채워 놓았다. 이렇게 표시해 두면 이 박쥐가 얼마나 오랫동안 사는지 알 수 있다.

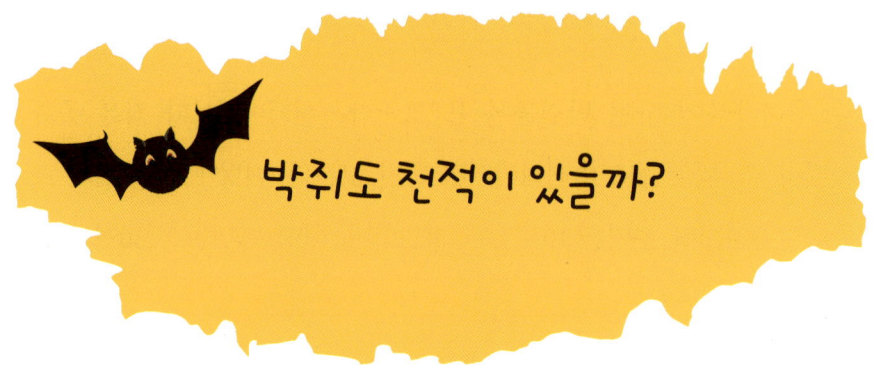

박쥐도 천적이 있을까?

박쥐는 낮 동안 어두운 동굴 안에 숨어서 지낸다. 박쥐가 사는 동굴은 구조가 매우 복잡하나 어두워서 안전하며, 혹시 다른 동물이 동굴 안으로 들어오더라도 높은 천장에 매달려 있는 박쥐를 잡기란 매우 어려운 일이다. 밤에는 깜깜한 숲속을 날아다녀서 밤과 낮 모두 박쥐에게 천적은 없는 듯 보인다. 그렇지만 모든 동물은 천적이 있으며, 이런 천적 관계는 생태계의 자연스러운 흐름이다.

박쥐에게 가장 위험한 동물은 올빼미나 부엉이 같은 야행성 맹금류이다. 주로 밤에 활동하는 이런 새들은 박쥐를 포함해 작은 쥐나 토끼 등을 잡아먹고 살기 때문에 밤새 숲속을 날아다니는 박쥐는 이들에게는 아주 좋은 먹잇감이 된다.

수리부엉이(위)와 올빼미(아래). 밤에 활동하는 부엉이나 올빼미 같은 맹금류는 박쥐에게 가장 큰 천적이다.

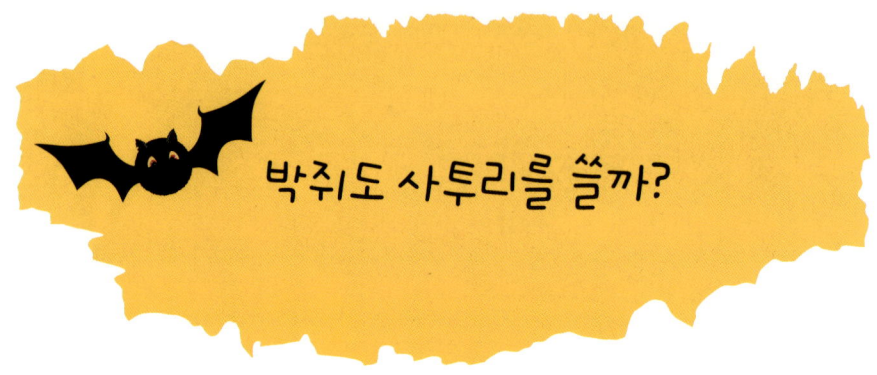

박쥐도 사투리를 쓸까?

　박쥐도 사는 지역에 따라서 사투리가 있을까? 우리나라는 경상도 사투리, 전라도 사투리, 충청도 사투리 등 지역에 따라서 다양한 사투리가 있다. 마찬가지로 박쥐 역시 같은 종류라고 해도 사람들처럼 사는 곳에 따라 다른 초음파를 쓴다.

　박쥐의 사투리는 초음파의 주파수 높이로 달라지는데 서로 사는 곳이 멀어질수록 초음파 주파수의 높낮이도 차이가 많이 난다. 박쥐의 초음파는 대륙별로도 차이가 나서 한국에 사는 관박쥐는 약 69킬로헤르츠의 초음파를 발사하는 반면, 유럽에 사는 관박쥐는 약 80킬로헤르츠 그리고 일본에 사는 관박쥐는 약 65킬로헤르츠의 초음파를 발사한다.

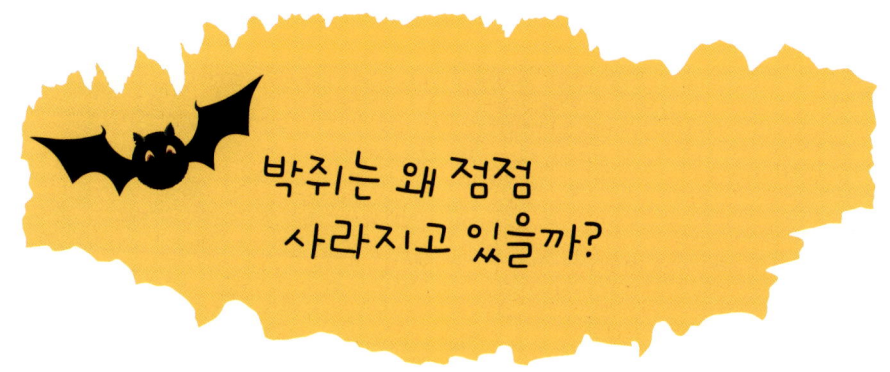
박쥐는 왜 점점 사라지고 있을까?

오늘날 전 세계적으로 1,300종류가 넘는 박쥐 가운데 약 50퍼센트 이상은 멸종될 위기에 처해 있다. 이렇게 박쥐가 사라져 가는 이유는 박쥐들이 살 수 있는 좋은 환경이 점점 없어지고 있기 때문이다. 박쥐는 동굴이나 폐광뿐 아니라 울창한 숲에서도 많이 산다. 특히 딱따구리가 쓰던 나무 구멍을 비롯해 나무껍질 틈이나 돌무더기 사이 등 우리가 생각조차 못 하는 곳에서도 살고 있다.

그런데 최근 들어 박쥐가 살기 좋은 큰 동굴은 관광지로 개발되고, 폐광은 쓸모없다는 이유로 입구를 막는 일이 많아지고 있다. 이렇게 박쥐가 살던 동굴이나 폐광이 사라지면 그 안에서 겨울잠을 자고 새끼를 기르던 수천 마리의 박쥐는 갈 곳이 없어지거나 입구가 막혀서 밖으로 나오지 못하고 죽게 된다. 또 산림 개발 등으로 울창한 숲이 사라지면 숲에서 사는 박쥐들은 숨을 곳이 줄어들고 사냥할 공간이 없어져 곤충을 잡아먹지 못하고 생존에 위협을 받게 된다.

❶ 관광지로 개발된 동굴 ❷ 박쥐가 사는 폐광과 그 안에 버려진 쓰레기들
❸ 입구가 막혀 버린 폐광. 입구를 함부로 막으면 안에서 살던 박쥐들이 모두 죽게 된다.

🦇 사라진 숲. 숲이 사라지면 박쥐들이 사는 곳도 사라진다.

그렇다면, 우리나라 박쥐는 어떨까? 우리나라 박쥐 중에는 3종류의 박쥐가 환경부에서 정한 멸종 위기종으로 지정되어 있다. 멸종 위기 1급인 붉은박쥐(황금박쥐)와 작은관코박쥐, 멸종 위기 2급인 토끼박쥐이다. 이 박쥐들은 개체 수(마릿수)가 적고 서식지도 많지 않아 각별한

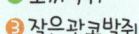 멸종 위기종으로 지정된 3종류의 박쥐
❶ 붉은박쥐(황금박쥐)
❷ 토끼박쥐
❸ 작은관코박쥐

보호가 필요한데 특히 사는 곳을 잘 보호하고, 더 많은 서식지를 만들어 주기 위한 생태 연구가 꾸준히 이루어져야 할 것이다.

앞에서 말한 3종류의 박쥐 외에도 멸종 위기에 처한 박쥐들이 더 있다. 예를 들어 긴꼬리윗수염박쥐는 지금까지 우리나라에서 단 세 번만 관찰되었고, 멸종 위기종으로 지정된 다른 박쥐들보다 개체 수도 더 적으며, 사는 곳도 전혀 알려지지 않았다. 이 박쥐는 IUCN(1990년 세계의 자연환경과 천연자원을 보호하기 위하여 만든 국제기관)의 기준에 따른 '적색 목록'에서는 정보가 부족한 종으로 기록되어 있고, 이웃 나라 일본에서는 멸종 위기종, 러시아에서는 희귀종으로 지정해서 보호하고 있다. 그러나 우리나라에서는 멸종 위기종으로 지정되어 있지도 않고, 지정하기 위한 정보도 없다.

또 긴가락박쥐는 해안 지역 동굴에서 수천 마리가 함께 모여 사는데 이러한 특징으로 인해 사는 곳이 없어지면 수천 마리가 한꺼번에 죽을 수도 있다. 큰귀박쥐는 우리나라에서 열 번도 확인되지 않은 희귀한 박쥐이나 아직 멸종 위기종으로 지정되지 않았다.

이들 외에도 우리나라에 사는 박쥐들 대부분이 사라져 가고 있지만 어디에서 어떻게 사는지 그리고 어떻게 관리해야 하는지를 몰라서 제대로 된 보호 활동을 펴지 못하는 형편이다.

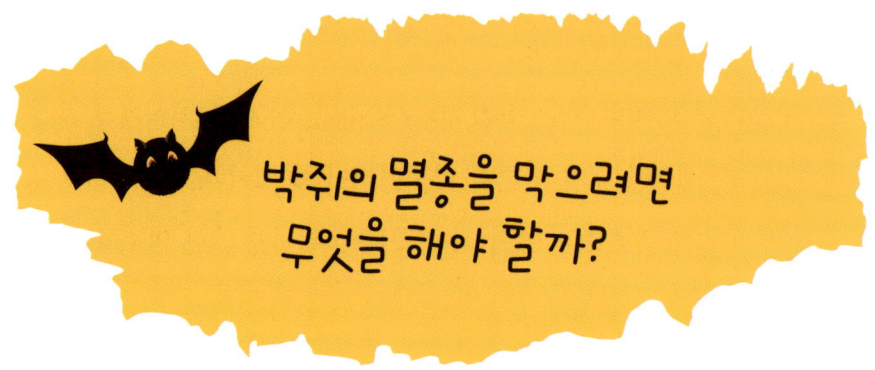

서식지 보호하기

동굴이나 폐광은 박쥐들이 겨울잠을 자거나, 새끼를 낳고 기르는 중요한 장소이다. 또 숲은 낮 동안 박쥐들에게 숨을 공간을 제공해 주고, 밤에는 좋은 사냥터 역할을 한다. 따라서 박쥐의 멸종을 막으려면 이들의 남은 서식지가 더는 사라지지 않도록 잘 지켜야 한다.

박쥐 집 달아 주기

사람들이 사는 집이나 숲속 나무에 박쥐 집을 달아 주는 것도 박쥐를 보호할 수 있는 좋은 방법이다. 미국이나 유럽 등에서는 박쥐를 보호하기 위해 박쥐 집을 달아 주는 경우가 많은데 이 방법은 우리나라에는 잘 알려지지 않았다. 공원이나 숲에 새집을 달아 주는 일은 있어도 박쥐 집을 달아 주는 일은 거의 없기 때문이다. 하지만 박쥐들은 사람들이 달아 준 박쥐 집을 잘 이용한다. 도시의 주택에 설치한 박쥐

❶ 주택가 다리에 설치한 박쥐 집
❷ 숲속에 설치한 박쥐 집
❸ 사람들이 만든 박쥐 집에서 새끼를 키우는 박쥐

집에는 집박쥐처럼 도시에서 살아가는 박쥐들이 이용하고, 공원이나 숲에 달아 준 박쥐 집에는 작은관코박쥐나 쇠큰수염박쥐같이 숲에 사는 박쥐들이 이용한다.

박쥐를 알리고 연구하기

박쥐는 벌을 대신해 식물의 꽃가루를 옮기고 모기와 같은 해충을 먹어 없앤다. 건강한 지구 생태계를 유지하고 사람들이 살아가는 데 없어서는 안 되는 중요한 동물인 셈이다. 그렇지만 사람들 대부분은 박쥐가 얼마나 이로운 동물인지 잘 모르는 데다가 박쥐를 보호하기 위해서는 무엇을 어떻게 해야 하는지도 잘 모른다.

박쥐의 멸종을 막기 위한 일은 몇몇 사람의 관심과 노력만으로 되는 것이 아니다. 많은 사람들이 박쥐의 중요성을 이해하고 함께 보호하려는 노력이 있어야 한다. 그리고 그렇게 하기 위해서는 박쥐를 제대로 알 수 있도록 다양한 정보를 전달하고 교육하는 일이 필요하다.

박쥐는 생태 특징에 따라 동굴에서 살기도 하고, 숲에서 살기도 한다. 또 어떤 박쥐는 해안의 바위 절벽에서 살고 어떤 박쥐는 낙엽 더미 안에 들어가서 산다. 이렇게 같은 박쥐라도 사는 곳이 다양할 뿐만 아니라 이빨 크기에 따라 좋아하는 먹잇감도 달라진다. 박쥐가 어떻게 살아가는지 꼼꼼하게 조사해서 겨울잠 자는 곳, 사냥터, 새끼를 키우는 보금자리 등을 만들어 주는 일도 함께 해 나가야 할 것이다.

🦇 박쥐를 더 잘 알기 위한 다양한 활동
(서식지 탐사, 겨울잠 자는 곳 조사 등)

우리나라에 사는 박쥐

지구상에는 1,300종류 이상의 박쥐가 산다. 우리나라에는 23종류의 박쥐가 살며, 최근 50년 사이에는 17종류의 박쥐만 확인되고 있다. 박쥐는 사는 곳과 생김새에 따라 곤충, 꿀, 과일, 피, 물고기, 작은 동물 등을 먹는데 우리나라에 사는 박쥐들은 모두 초음파를 이용해 모기, 나방, 하루살이, 딱정벌레와 같은 곤충을 잡아먹는다.

박쥐목 (Order Chiroptera)		
과 (Family)	학명 (Scientific name)	국명 (Korean name)
관박쥐과 (Rhinolophidae)	Rhinolophus ferrumequinum	관박쥐
애기박쥐과 (Vespertilionidae)	Myotis aurascens	대륙쇠큰수염박쥐
	Myotis ikonnikovi	쇠큰수염박쥐
	Myotis sibiricus	큰수염박쥐
	Myotis rufoniger	붉은박쥐 (황금박쥐)
	Myotis petax	우수리박쥐
	Myotis macrodactylus	큰발윗수염박쥐
	Myotis bombinus	흰배윗수염박쥐
	Myotis frater	긴꼬리윗수염박쥐
	Pipistrellus abramus	집박쥐
	Hypsugo alaschanicus	검은집박쥐
	Eptesicus serotinus	문둥이박쥐
	Eptesicus kobayashii	고바야시박쥐
	Eptesicus nilssonii	생박쥐
	Plecotus ognevi	토끼박쥐
	Vespertilio sinensis	안주애기박쥐
	Vespertilio murinus	북방애기박쥐
	Murina hilgendorfi	관코박쥐
	Murina ussuriensis	작은관코박쥐
	Nyctalus aviator	멧박쥐
	Nyctalus furvus	작은멧박쥐
긴가락박쥐과 (Miniopteridae)	Miniopterus fuliginosus	긴가락박쥐
큰귀박쥐과 (Molossidae)	Tadarida insignis	큰귀박쥐

관박쥐과

관박쥐

- 몸길이: 50~70mm
- 사는 곳: 동굴, 폐광
- 사냥하는 곳: 숲속
- 분포: 전국

우리나라에 사는 박쥐 가운데 몸집이 큰 박쥐로 일 년 내내 동굴이나 폐광에서 산다. 코는 말발굽처럼 생겼고, 다른 박쥐들이 입으로 초음파를 발사하는 것과 다르게 코로 초음파를 발사한다. 북한에서는

나는 관박쥐야!

코에 주름이 많다고 해서 주름코박쥐라고 부른다.

관박쥐의 비막 모양은 길이가 짧고 폭이 넓은 형태여서 다른 박쥐보다 천천히 날지만, 그 대신 더 복잡한 곳도 잘 다닌다. 여름에 동굴에서 한 마리의 새끼를 출산하는데 새끼는 한 달이면 혼자서 비행할 수 있다. 작은 곤충부터 큰 딱정벌레까지 다양한 곤충을 사냥한다.

겨울잠을 잘 때는 동굴 천장이나 벽에 매달려서 자는데 한 마리씩 따로 자기도 하고, 수십 마리가 모여서 함께 자기도 한다. 수명은 최대 30년 이상 생존한 기록이 있다.

관박쥐 얼굴

❶ 관박쥐의 코. 말발굽처럼 생긴 코를 이용해 초음파를 발사한다.
❷ 관박쥐는 일 년 내내 동굴에서 생활한다.
❸ 사냥 후에는 소화와 배설을 위해 다리 밑에 매달려서 쉰다.
❹ 새끼 관박쥐가 어미에게 매달려서 젖을 먹고 있다.

❶ 새끼 관박쥐가 사냥 나간 어미를 기다리고 있다.
❷ 관박쥐는 겨울잠을 잘 때 한 마리씩 따로 자거나 수십 마리가 함께 모여서 잔다. 한 마리씩 따로 잘 때는 비막으로 온몸을 감싼 채 자고, 모여서 잘 때는 서로의 체온으로 더 따듯해지도록 털이 있는 몸을 붙여서 잔다.

애기박쥐과

대륙쇠큰수염박쥐

몸길이: 43~47mm **사는 곳:** 동굴, 폐광, 숲속 나무 구멍이나 껍질 틈
사냥하는 곳: 숲, 큰 강, 저수지 주변 **분포:** 전국

　소형 박쥐로 등 쪽 털은 길고 광택이 나는 짙은 황색이다. 주로 숲 안쪽과 가장자리를 날아다니면서 작은 곤충을 사냥한다. 6월 중순에서 7월 초에 한두 마리의 새끼를 낳는데 세 마리를 낳을 때도 있다.

　동굴에서 살지만 여름에는 숲속의 딱따구리가 살던 나무 구멍이나 껍

나는 대륙쇠큰수염박쥐야!

질 사이로 들어가서 지내기도 한다. 겨울잠을 잘 때는 동굴이나 폐광에서 자며, 무리를 짓지 않고 단독으로 자는 경우가 많다.

❶ 대륙쇠큰수염박쥐 얼굴
❷ 털색은 흑갈색이다.
❸ 새끼 대륙쇠큰수염박쥐가 어미의 젖을 먹고 있다.
❹ 새끼는 어미보다 더 검은색을 띠며, 자라면서 점차 어미와 비슷한 색깔로 변한다.

🦇 낮 동안 나무껍질 틈에 숨은 대륙쇠큰수염박쥐

🦇 나무 구멍 속에 숨어 있던 대륙쇠큰수염박쥐가 해가 지자 밖으로 나올 준비를 하고 있다.

대륙쇠큰수염박쥐가 나무에 붙어 쉬고 있다.

겨울잠을 자는 대륙쇠큰수염박쥐

애기박쥐과

쇠큰수염박쥐

- **몸길이:** 36~43mm
- **사는 곳:** 숲속 나무 구멍이나 껍질 틈
- **사냥하는 곳:** 숲, 강
- **분포:** 전국

우리나라에 사는 박쥐 가운데 몸집이 아주 작은 종류로 대륙쇠큰수염박쥐와 비슷하게 생겼지만 크기가 더 작다. 다른 박쥐들처럼 동굴에서 살지 않고 숲에서만 사는데 오래되고 큰 나무가 많은 숲을 좋아한다. 낮 동안 나

나는 쇠큰수염박쥐야!

무껍질 틈이나 딱따구리가 쓰던 구멍을 은신처로 이용한다.

우리나라에서는 채집된 기록이 매우 적어서 자세한 생태적 특징은 알려지지 않았다. 숲에서만 살기 때문에 숲이 사라지면 함께 줄어드는 박쥐이다.

🦇 쇠큰수염박쥐는 몸길이가 3~4센티미터로 매우 작다.

애기박쥐과

붉은박쥐 (황금박쥐)

🦇 **몸길이**: 50~60mm 🦇 **사는 곳**: 동굴 (겨울), 숲 (여름)
🦇 **사냥하는 곳**: 숲, 계곡 🦇 **분포**: 전국 (특히 전라도 지역에 많이 산다.)

우리나라에 사는 박쥐 가운데 크기가 중간 쯤 되는 박쥐로 털 색깔이 밝아서 '황금박쥐'라고 부르기도 한다. 천연기념물 제452호 및 멸종 위기 야

ⓒ이재원

나는
붉은박쥐야!
황금박쥐라고도 불린단다.

생 생물 1급으로 지정되어 있다. 다른 박쥐들과 달리 털색이 선명한 주황색이다.

　10월에서 다음 해 5월까지 동굴에서 겨울잠을 자는데 우리나라 박쥐 중에서 가장 빨리 잠들고 가장 늦게 깨어난다. 여름철에는 동굴을 거의 이용하지 않고 울창한 숲에서 산다. 다른 박쥐들보다 겨울잠 장소를 고르는 조건이 까다로운 편으로 온도와 습도가 높은 동굴을 좋아한다.

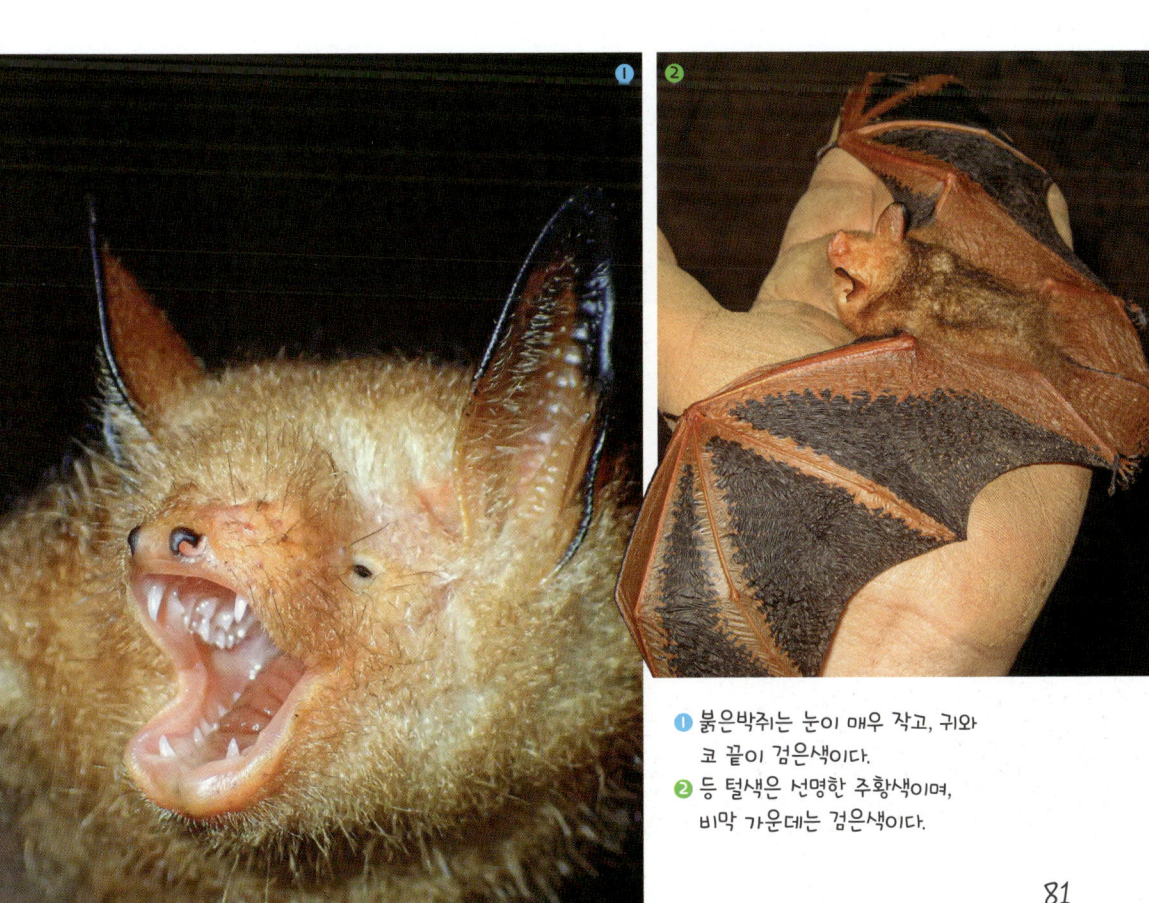

❶ 붉은박쥐는 눈이 매우 작고, 귀와 코 끝이 검은색이다.
❷ 등 털색은 선명한 주황색이며, 비막 가운데는 검은색이다.

🦇 여름에는 동굴을 이용하지 않고 울창한 숲의 나뭇잎이나 가지에 매달려서 쉰다.

❶❷❸ 붉은박쥐는 동굴 천장이나 벽에 매달려서 잔다. 10월부터 자기 시작해 다음 해 5월이나 6월까지 일 년 중 절반 이상을 잔다.

애기박쥐과

우수리박쥐

몸길이: 43~51mm **사는 곳:** 동굴, 숲
사냥하는 곳: 호수, 강, 저수지 **분포:** 전국

　물을 아주 좋아하는 박쥐로 밤이 되면 호수, 강, 저수지처럼 물이 있는 곳에서 사냥한다. 사냥할 때는 물 위를 아주 낮게 날면서 나방이나 하루살이처럼 수면 위를 날아다니는 곤충을 잡아먹는다. 일 년 내내 동굴에서 살지만 여름에는 나무 구멍이나 큰 다리 아래를 은신처로 이용하기도 한다.
　겨울이 되면 동굴에서 겨울잠을 자는데 작은 구멍에 여러 마리가 들어

나는 우수리박쥐야!

가서 자거나 천장에 수십 마리가 무리를 이루어서 잔다. 크기는 작아도 30년 이상 생존한 기록이 있다.

❶ 등은 연한 갈색이고 배는 밝은색이다. 등과 배의 털색 차이가 선명하다.
❷ 우수리박쥐는 물 위를 아주 낮게 날면서 작은 곤충들을 사냥한다.

우수리박쥐가 바위 위에서 쉬고 있다.

🦇 겨울이 되면 동굴에 수십 마리가 모여서 지낸다.

애기박쥐과

큰발윗수염박쥐

🦇 **몸길이:** 44~53mm   🦇 **사는 곳:** 동굴
🦇 **사냥하는 곳:** 숲, 강, 호수   🦇 **분포:** 전국

관박쥐와 함께 우리나라 동굴에서 가장 흔하게 볼 수 있는 박쥐다. 생김새와 크기가 비슷한 다른 박쥐들과 비교해서 뒷발이 평균 10밀리미터 이상으로 큰 편이다. 동굴에서 겨울잠을 자는데 한 마리씩 따로 자거나 2~5마리

나는 큰발윗수염박쥐야!

정도가 모여서 잔다.

　사냥을 할 때는 숲이나 강, 저수지 같은 물이 있는 곳을 번갈아 다니며 작은 곤충을 잡아먹는다. 여름철 새끼를 낳는 시기에는 암컷과 수컷이 함께 지내지만, 새끼를 낳고 나면 따로 생활한다.

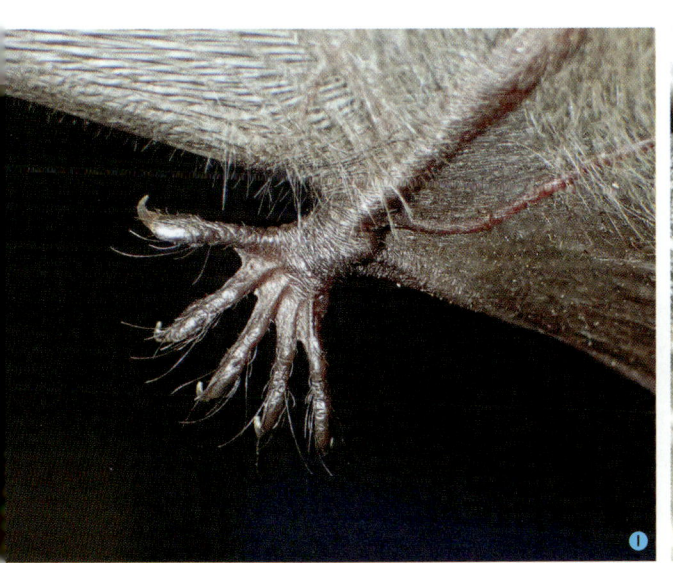

❶ 큰발윗수염박쥐는 몸집이 비슷한 다른 박쥐들보다 뒷발 크기가 큰 편이다.
❷❸❹ 동굴 안 돌 틈에서 겨울잠을 잔다.

애기박쥐과

흰배윗수염박쥐

🦇 **몸길이:** 40~49mm 🦇 **사는 곳:** 동굴 🦇 **사냥하는 곳:** 숲속 계곡
🦇 **분포:** 전국 (특히 제주도와 남해안 지역에 많이 산다.)

일 년 내내 동굴이나 폐광에서 살면서 수십 마리가 무리를 지어 생활한다. 크기와 생김새가 비슷한 박쥐들과 비교할 때 귀가 더 길고, 꼬리 막 가장자리로 털이 촘촘하게 나 있어서 다른 박쥐와 구별하기 쉽다.

나는 흰배윗수염박쥐야!

여름철 새끼를 낳는 시기에는 수십 마리의 암컷들이 함께 모여서 생활한다. 숲속 계곡을 따라서 사냥하는데 낮 동안 숨었던 장소에서 멀리 가지 않고 가까운 곳을 날아다니며 사냥한다. 우리나라 전국에서 살고 제주도와 남해의 해안 지역에서 많이 발견된다.

흰배윗수염박쥐의 귀는 몸집 크기가 비슷한 다른 박쥐들의 귀에 비해 더 길다.

❶ 흰배윗수염박쥐는 꼬리 막 가장자리로 털이 촘촘하게 나 있어서 다른 박쥐들과 구별된다.
❷ 겨울잠을 자는 흰배윗수염박쥐 무리
❸ 여름철 임신한 암컷 박쥐들은 함께 모여서 생활한다.

애기박쥐과

긴꼬리윗수염박쥐

🔖 **몸길이:** 44~49mm 🔖 **사는 곳:** 숲 🔖 **사냥하는 곳:** 숲, 강
🔖 **분포:** 전국으로 추정 (지금까지는 강원도, 충청도에서만 발견되었다.)

숲에서 사는 산림성 박쥐로 큰 나무 사이를 비행하며 곤충을 잡아먹는다. 생김새와 크기가 비슷한 다른 박쥐들과 비교해서 주둥이 길이가 더 짧다. 나무 구멍, 나무껍질 틈, 기차 터널, 다리 등을 은신처로 이용한다.

여름철 새끼를 낳는 시기에는 100마리 이상의 암컷들이 집단을 이루고

나는 긴꼬리윗수염박쥐야!

함께 생활한다. 전 세계적으로 매우 희귀한 박쥐이며, 관찰된 기록이나 생태에 관한 정보가 거의 없어 다른 나라에서는 보호해야 하는 동물로 지정하고 있다. 우리나라에서도 지금까지 강원도와 충청도 지역의 숲에서 아주 적은 관찰 기록만 있는 매우 귀한 박쥐이다.

❶ 옆에서 볼 때 다른 박쥐들에 비해 주둥이 길이가 짧다.
❷ 긴꼬리윗수염박쥐는 숲 속에서 생활하는 박쥐로 낮 동안 나무 구멍이나 껍질 틈에 들어가서 쉰다.
❸ 사냥 중에 잠시 나무에 붙어서 쉬고 있는 긴꼬리윗수염박쥐

애기박쥐과

집박쥐

🦇 **몸길이:** 42~55mm 🦇 **사는 곳:** 주택, 고층 건물, 다리, 창고, 나무 집
🦇 **사냥하는 곳:** 강, 호수, 공원, 논밭, 가로등 주변 🦇 **분포:** 전국

사람들이 사는 집 주변에서 산다고 하여 집박쥐라고 부른다. 집박쥐는 평생 동굴을 이용하지 않고 주택, 창고, 지붕 틈, 다리, 고층 건물, 나무로 만든 집에서 산다. 밤이 되면 논, 밭, 과수원, 강변, 공원, 가로등 주변을 날아

나는 집박쥐야!

다니면서 하루살이, 모기, 작은 나방을 사냥한다. 6월 말에서 7월 초 사이에 한 마리에서 세 마리의 새끼를 낳는데 보통은 두 마리를 낳는다.

농촌이나 오래된 집 주변에서 해가 질 무렵 가장 먼저 보이는 박쥐가 바로 집박쥐다. 사람들이 생활하는 건물 주변에서 함께 살아가는 박쥐로 도시의 수많은 해충을 없애 주는 중요한 역할을 한다.

❶ 공원의 가로수에 붙어서 쉬고 있는 집박쥐
❷ 집박쥐가 사는 지붕 틈에 똥이 쌓여 있다.
❸ 출산 중인 집박쥐

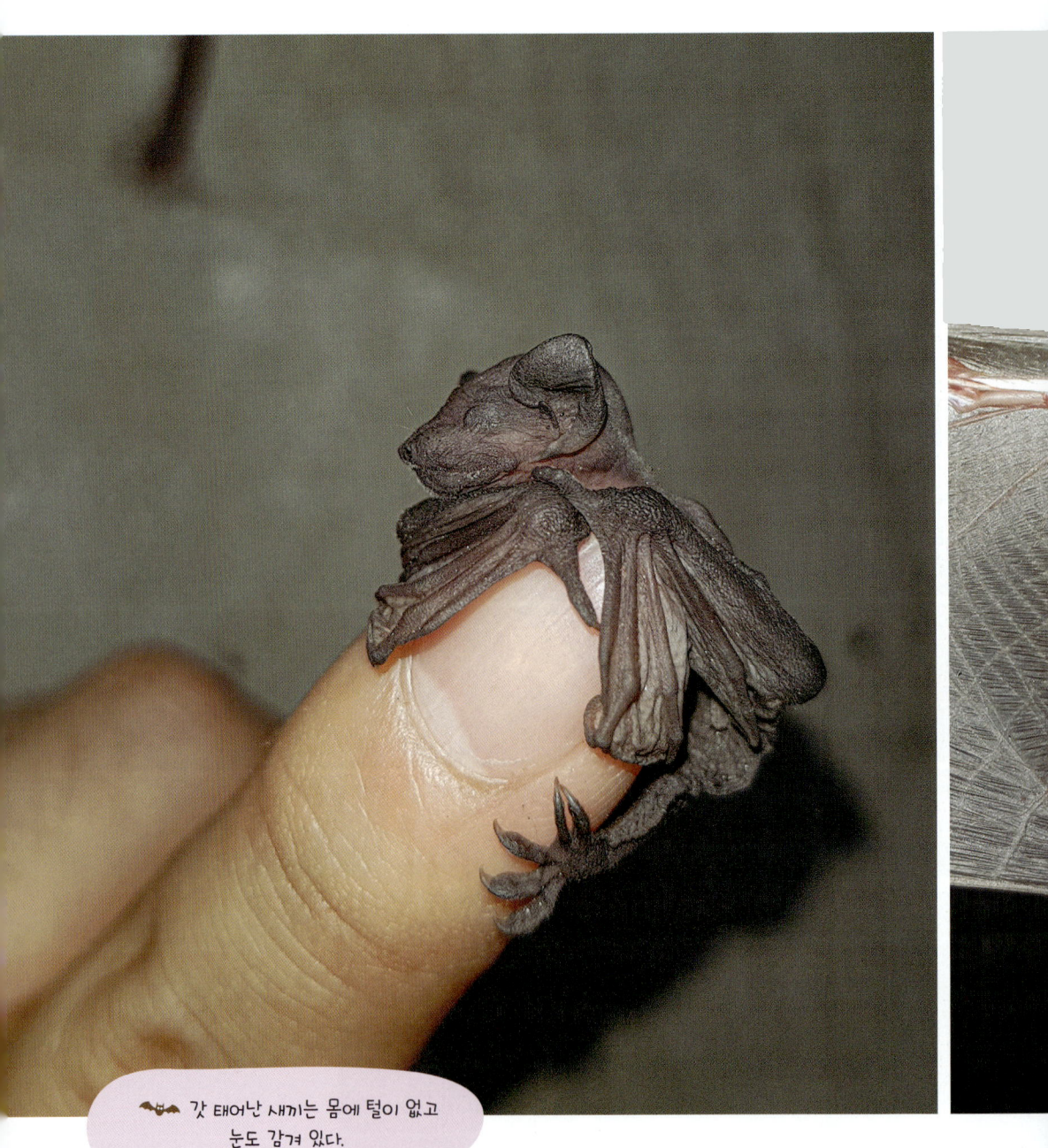

🦇 갓 태어난 새끼는 몸에 털이 없고 눈도 감겨 있다.

❶ 어미 젖을 먹는 새끼 집박쥐
❷ 새끼 집박쥐가 벽돌 담장 틈에서 사냥 나간 어미를 기다리고 있다.

애기박쥐과

검은집박쥐

몸길이: 47~58mm **사는 곳:** 동굴, 폐광, 숲, 다리
사냥하는 곳: 숲, 강 **분포:** 전국

집박쥐와 비슷하게 생겼지만 털색이 검고 몸 크기가 더 크다. 일 년 내내 동굴이나 폐광에서 사는데 여름에는 주택, 창고, 다리 같은 인공 구조물

나는
검은집박쥐야!

을 이용하기도 한다.

초여름에 두 마리의 새끼를 낳아서 한 달간 젖을 먹여 키운다. 밤에는 숲, 강, 과수원, 논 부근 지역을 날아다니며 사냥한다. 동굴에서 겨울잠을 자며, 한 마리씩 동굴 벽 틈에 들어가서 자거나 작은 홈에서 열 마리 정도가 모여서 잔다.

검은집박쥐는 집박쥐와 비슷하게 생겼지만 털색이 검은색이다.

검은집박쥐가 다리 밑에서 쉬고 있다.

🦇 혼자 또는 무리를 지어 겨울잠을 자는 검은집박쥐

애기박쥐과

문둥이박쥐

- **몸길이:** 75~82mm
- **사는 곳:** 숲, 동굴, 고층 건물, 다리, 절벽 바위틈
- **사냥하는 곳:** 숲, 넓은 들판
- **분포:** 전국 (제주도 제외)

우리나라에 사는 박쥐 가운데 몸집이 큰 편이다. 털은 황갈색으로 끝은 반짝거리는 광택이 있고 주둥이는 얼굴 앞으로 튀어나와 있다. 겨울잠을 자는 장소나 여름철 은신처는 자연적인 서식지와 사람들이 만든 인공적인 서

나는 문둥이박쥐야!

식지 모두 이용한다. 자연 서식지로는 높은 바위 절벽의 틈, 인공 서식지로는 큰 다리, 주택 지붕, 고층 건물 간판 틈새를 이용한다.

밤이 되면 숲의 키 큰 나무 상공이나 가로등 주변, 넓은 들판 위를 비행하면서 나방이나 딱정벌레를 잡아먹는다. 동굴, 절벽의 바위 틈, 다리의 갈라진 틈 등에서 겨울잠을 잔다. 우리나라에서는 제주도를 제외한 전국에 서식하고 있다.

❶ 털이 길고 광택이 난다.
❷ 주둥이 윗부분이 크고 볼록하다

🦇 출산이 가까워지면 임신한 암컷들끼리 모여서 생활한다.

🦇 갓 태어난 새끼 문둥이박쥐. 털이 없고 귀는 접혔으며 눈이 감겨 있다.

❶ 새끼에게 젖을 먹이는 어미 문둥이박쥐
❷ 고층 건물의 간판 뒷면에서 사는 문둥이박쥐. 고층 건물의 벽 틈이나 간판 뒷면은 좋은 은신처가 된다.

애기박쥐과

토끼박쥐

- 몸길이: 42~57mm
- 사는 곳: 동굴, 폐광
- 사냥하는 곳: 숲, 들판
- 분포: 전국 (제주도 제외)

귀가 길어서 토끼박쥐라고 부르며, 멸종 위기 동물로 지정되어 있다. 코와 눈 사이가 볼록하게 솟아 있고, 콧구멍은 위를 향해 있다. 동굴이나 폐광에서 살며, 숲의 나무 구멍을 은신처로 이용하기도 한다. 밤이 되면 큰 나무

나는 토끼박쥐야!

가 있고 땅에 풀이 많은 곳을 날아다니며 사냥한다.

비행할 때는 벌새처럼 공중에서 정지한 채 잘 떠 있기 때문에 다른 박쥐보다 나뭇잎에 붙어 있는 작은 곤충들을 잘 잡아먹는다. 겨울잠을 잘 때는 동굴에서 한 마리씩 따로 떨어져 자는데 동굴 벽에 매달리거나 작은 구멍에 들어가서 잔다. 우리나라에는 제주도를 제외한 전국에 살고 있다.

콧구멍이 위를 향해 나 있으며, 주변이 볼록하게 튀어나와 있다.

여름철 동굴에서 쉬고 있는 토끼박쥐

❶ 토끼박쥐는 큰 나무가 많고 바닥에 풀이 무성한 곳을 날면서 사냥한다.
❷ 겨울잠을 자는 토끼박쥐. 귀는 뒤로 접고 뻣뻣한 귓기둥만 앞으로 내놓은 채 잔다.

애기박쥐과

안주애기박쥐

- 몸길이: 58~68mm
- 사는 곳: 바위 절벽
- 사냥하는 곳: 높은 산, 들판
- 분포: 전국 (제주도 제외)

우리나라 박쥐 중 몸집이 중간 크기의 박쥐로 털 끝부분은 서리가 앉은 것처럼 흰색이다. 높은 바위 절벽의 갈라진 틈에서 살며, 밤이 되면 아주 높이 비행하면서 이동한다.

나는 안주애기박쥐야!

안주애기박쥐는 사람이 들을 수 있는 소리와 초음파를 같이 이용한다. 사냥을 하려고 이동할 때는 사람의 귀로도 들을 수 있는 '찍', '찍' 하는 소리를 내고, 사냥을 시작하면 초음파를 이용해 곤충을 잡는다. 종종 여름철 밤하늘에서 찍찍거리는 소리를 들을 수 있는데 이것은 안주애기박쥐가 높이 날면서 내는 소리이다. 우리나라에서는 제주도를 제외한 전국에 살고 있고, 최근에는 자연 서식지가 줄어들면서 고층 아파트의 벽이나 방충망에 붙어서 쉬는 경우가 많다.

등의 털 끝부분이 서리를 맞은 것처럼 흰색이다.

🦇 안주애기박쥐는 겨울잠을 자거나 여름철 낮 동안 높은 절벽 바위틈을 은신처로 이용한다.

❶ 흔히 절벽 바위틈에 들어가서 겨울잠을 자며, 잘 때는 수십 마리가 무리를 지어서 잔다.
❷ 아파트 방충망에 붙어서 쉬고 있는 안주애기박쥐

애기박쥐과

관코박쥐

몸길이: 47~64mm **사는 곳:** 동굴
사냥하는 곳: 숲, 풀이 긴 들판 **분포:** 전국

코끝이 튜브(tube, 관) 모양으로 생겨서 '관코박쥐'라고 한다. 털은 뻣뻣한 긴 털과 부드럽고 짧은 털이 섞여 있으며, 긴 털의 끝부분은 은색으로 반

나는 관코박쥐야!

짝거린다. 동굴에서 살며, 여름에는 낮 동안 사람들이 지은 건물이나 나뭇잎 아래를 은신처로 이용하기도 한다.

　겨울잠을 잘 때는 동굴의 작은 구멍에 들어가서 자거나 동굴 벽의 갈라진 틈에 붙어서 잔다. 풀이 길고 큰 나무가 많은 숲에서 사냥하는 것을 좋아하며, 땅이나 나뭇잎에 붙어 있는 곤충을 잡아먹는다. 우리나라에서는 제주도를 포함한 전국에 살고 있다.

관처럼 생긴 코가 바깥쪽으로 튀어나와 있다.

관코박쥐의 긴 털은 은색으로 반짝거리기 때문에 털색만으로도 쉽게 구별할 수 있다.

낮 동안 동굴에 숨은 관코박쥐

한 마리씩 동굴 안 작은 구멍에 들어가서 겨울잠을 자는 관코박쥐

애기박쥐과

작은관코박쥐

몸길이: 39~45mm **사는 곳:** 동굴, 나무 구멍, 나무껍질 틈, 돌 무더기 사이, 낙엽 사이 **사냥하는 곳:** 숲, 풀이 긴 들판 **분포:** 전국 (제주도 제외)

우리나라에 사는 박쥐 가운데 쇠큰수염박쥐와 함께 가장 몸집이 작은 종류다. 얼굴 모양과 털색이 관코박쥐와 비슷하게 생겼지만 크기가 더 작아서 작은관코박쥐라고 한다. 동굴에서도 살지만 울창한 숲을 더 좋아한다. 숲 속에서는 나무껍질 틈이나 돌무더기 사이, 나뭇잎 아래에서 숨어 지낸다. 6월 말에서 7월 말 사이에 한 마리에서 두 마리의 새끼를 낳는다. 정지 비행을 잘해서 사람 키보다 낮은 높이로 날아다니며 나뭇잎이나 땅 위에 있는 곤충

나는 작은관코박쥐야!

을 사냥한다.

　우리나라에 사는 박쥐 가운데 가장 높은 90킬로헤르츠의 초음파를 발사한다. 1950년대에 우리나라에서 처음 기록된 후 약 50년간 발견되지 않다가 2011년 충청도에서 다시 확인되었다. 멸종 위기 야생 생물로 지정되어 있으며, 제주도를 제외한 전국에 아주 적은 숫자가 살고 있다.

❶ 관처럼 생긴 코가 바깥쪽으로 튀어나와 있다.
❷ 작은관코박쥐는 우리나라에 사는 박쥐 가운데 몸집이 아주 작은 편으로 골프공보다도 작다.
❸ 낮 동안 나무껍질 틈에 숨은 작은관코박쥐

긴가락박쥐과

긴가락박쥐

🦇 **몸길이:** 51~65mm 🦇 **사는 곳:** 동굴, 폐광
🦇 **사냥하는 곳:** 높은 산의 정상이나 넓은 들판 🦇 **분포:** 전국

비막이 길어서 우리말로 가락지가 길다는 뜻의 '긴가락박쥐'라고 한다. 머리는 동그랗고 주둥이는 짧으며, 귀도 다른 박쥐들보다 작은 편이다. 주로 높은 산 꼭대기의 숲속이나 넓은 들판에서 사냥하는데 아주 빠른 속도로 비행하면서 딱정벌레 종류를 사냥한다.

일 년 내내 동굴에서만 사는 박쥐로 수천 마리가 집단을 이루어서 생활한다. 특히 6월 말이 되면 수백 마리의 임신한 암컷들이 따뜻한 동굴에 모여

나는 긴가락박쥐야!

서 함께 지낸다. 15년 이상 생존한 기록이 있으며, 우리나라에는 제주도와 내륙의 해안 지역에서 많이 발견된다.

❶ 긴가락박쥐의 주둥이는 짧고 머리는 둥그란 편이다.
❷ 날개는 좁고 길다.

🦇 어미를 기다리는 새끼 박쥐. 긴가락박쥐는 6월 말쯤 동굴 안에서 한 마리의 새끼를 출산한다.

🦇 겨울잠을 잘 때는 수백 마리에서 수천 마리가 동굴 천장의 움푹한 곳에 모여서 잔다.

🦇 수천 마리의 무리를 자세히 보면 아주 촘촘하게 겹쳐 있는 것을 알 수 있다.

🦇 수천 마리가 한곳에 모여서 생활하기 때문에 그 아래로는 구아노(박쥐 배설물)가 높게 쌓인다.

큰귀박쥐과

큰귀박쥐

몸길이: 78~85mm **사는 곳:** 산이나 해안가의 높은 바위 절벽 틈
사냥하는 곳: 울창한 숲의 높은 상공 **분포:** 전국

우리나라에 사는 박쥐 가운데 몸집이 큰 편이다. 높은 산이나 해안가의 바위 절벽 틈에서 살고, 동굴은 이용하지 않는다. 얼굴과 귀는 크고, 털색은 검은색이다. 우리나라에 사는 다른 박쥐들과 다르게 꼬리가 길게 튀어나와

나는 큰귀박쥐야!

있어서 쉽게 구별할 수 있다.

밤이 되면 해안이나 숲 위를 빠르게 날면서 딱정벌레나 큰 곤충을 잡아먹는다. 우리나라에는 제주도를 포함한 해안 지역과 내륙의 높은 바위산 주변에서 산다. 아주 높이 날고, 채집된 사례도 매우 드물어서 자세한 생태 특징은 알려지지 않았다.

🦇 큰귀박쥐는 우리나라 박쥐 가운데 유일하게 꼬리가 밖으로 튀어나와 있다. (영어 이름으로도 꼬리가 튀어나왔다고 해서 자유꼬리박쥐Free-tailed bat라고 한다.)

🦇 큰귀박쥐를 앞에서 보면 양쪽 귀가 엠(M) 자 형태로 연결되어 있다.

🦇 큰귀박쥐는 높은 산이나 해안가의 절벽 틈 바위에서 산다.